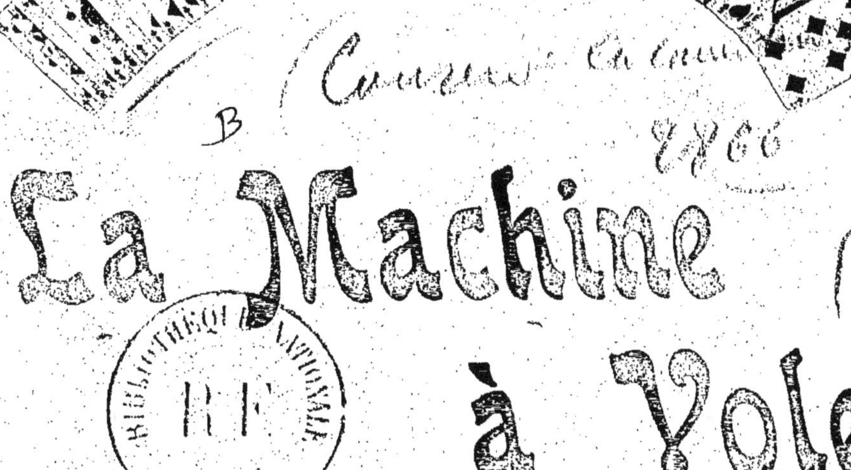

La Machine à Voler

ÉTUDE SUR LES ESCROQUERIES COMMISES
DANS LES CERCLES & LES CASINOS

PAR

Eugène VILLIOD

DÉTECTIVE

PARIS

37, Boulevard Malesherbes, 37

1906

Published June 20 th 1906.

Privilege of copyright in the United States reserved under the Act approved March 3 1905, by Eugène VILLIOD.

La Machine

à Voler

EUGÈNE VILLIOD, DÉTECTIVE

EUGÈNE VILLIOD

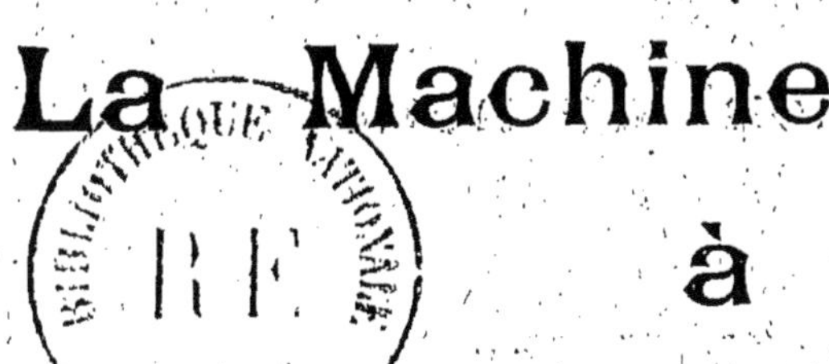

La Machine à Voler

ÉTUDE SUR LES ESCROQUERIES COMMISES DANS LES CERCLES & LES CASINOS

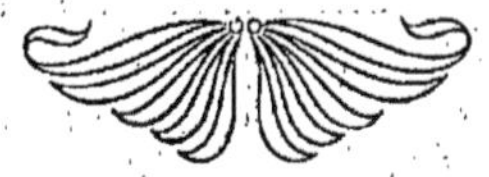

PARIS

37, Boulevard Malesherbes, 37

1906

PRÉFACE

Un jour, au dire de Suétone, Titus, fils de Vespasien, ayant reproché à son père d'avoir mis un impôt sur les urines, l'illustre impérator, non dépourvu d'un certain esprit grossier, approcha du nez de son fils le premier argent reçu à ce titre, en lui demandant « s'il sentait mauvais ; » et Titus lui ayant répondu que non, « il provient pourtant, dit-il, de l'urine. » D'où le proverbe : *l'argent n'a pas d'odeur.*

Or, si l'honneur, suivant Charles de Secondat, baron de la Brède et de Montesquieu, est le ressort naturel de tout gouvernement monarchique, la vertu, toujours suivant Montesquieu, est le principe de tout état républicain. Pourtant, pas plus que les monarchies passées, le gouvernement républicain n'hésite à empocher l'impôt sur les Cercles : 20 fr. par an pour chaque membre,

2 fr. 50 sur chaque paquet de cartes, alors que sur les cartes ordinaires il n'est prélevé par l'Etat que 1 fr. 25 par paquet.

Est-ce à dire que l'Etat considère comme licite le jeu de baccara, pratiqué dans les Cercles ? Non pas, il le considère comme jeu de hasard, et par conséquent prohibé, ainsi que cela ressort du paragraphe 19 du Dictionnaire Pratique de Droit (1) : « *La tenue des maisons de jeux de hasard est prohibée de façon absolue. Cependant, le ministre de l'Intérieur, en vertu d'un décret du 18 juin 1806, qui est considéré comme étant encore en vigueur, se reconnaît le droit d'autoriser, dans les Casinos des stations balnéaires et thermales, certains jeux de hasard, tels que le baccara et les petits chevaux. La légalité de cette pratique est fort douteuse.* »

Voilà qui est clair, net et sans ambages, c'est en vertu du bon vouloir d'un ministre, fort honnête homme dans la vie privée, que l'on pratique, dans les Casinos, le baccara dénommé jeu de hasard par la Loi, et conséquemment prohibé : ce en vertu d'une pratique dont la légalité apparaît comme douteuse aux experts en matière de juridiction. Si le ministre de l'Intérieur que le hasard des fluctuations politiques aura conduit

(1) Dictionnaire Pratique de Droit : Bureau de la Jurisprudence générale Dalloz : Paris, 19, rue de Lille.

au pouvoir quand paraîtra ce volume veut bien y jeter un coup d'œil, même distrait, il ne tardera pas à se convaincre que le baccara, et particulièrement le baccara chemin de fer, constitue, tel qu'on le pratique dans les Casinos, la plus monstrueuse des escroqueries. Après cela, libre à lui d'user encore de la faculté douteuse que lui confère le décret du 18 juin 1806.

— Fort bien, dira-t-on, mais ceci ne regarde que les Casinos, non les Cercles.

— Attendez.

Ouvrons à nouveau le Dictionnaire Pratique de Droit, troisième livraison.

A la page 793, paragraphe 20, nous trouvons ceci : « *La tenue des maisons de jeux de hasard est punie par l'art. 410 c. pén. d'un emprisonnement de deux à six mois et d'une amende de 100 à 6.000 francs, sans préjudice de l'interdiction, pendant cinq ans au moins et dix ans au plus, des droits mentionnés en l'art. 42 c. pén. et de la confiscation.* » Suit le détail des objets tombant sous le coup de ladite confiscation.

Or, quel jeu pratique-t-on dans la Grande Salle des Jeux de n'importe quel Cercle ? le baccara, estimé par la Loi jeu de hasard ; revoir le par. 19 du Dictionnaire Pratique de Droit, mentionné au début de cette préface. Donc, en bonne logique, tous les Cercles où se joue le baccara devraient être impitoyablement fermés

— Halte là ! s'écrient les tenanciers, de quelle manière constituez-vous le délit ?

Consulté une fois encore, le Dictionnaire Pratique de Droit va répondre, et, chose éminemment triste, venir en aide aux tenanciers. En effet, il y est dit, par. 21 : *« Éléments constitutifs du délit.— Trois conditions sont requises pour l'application de l'article 410 cod. pén. Il faut : 1° Que le lieu où l'on joue ait principalement pour destination le jeu. Si le jeu n'y était pratiqué qu'accessoirement le tenancier tomberait seulement sous l'application des art. 475 et 477 c. pén. Mais il appartient aux tribunaux de rechercher si le but assigné à la réunion, tel que la danse ou une table d'hôte, ne dissimule pas une maison de jeu. Un café peut être également considéré comme une maison de jeu (Paris, 6 février 1899, D. P. 1900. 2. 453) ; mais la jurisprudence exige, pour appliquer l'art. 410 au patron d'un café, que l'on constate une certaine habitude ou permanence ; sinon il n'est passible que des peines de l'art. 475 ; — 2° Que les jeux auxquels on s'y livre soient des jeux de hasard (sur le sens de cette expression, V. suprà, n° 16 : — 3° Que le public y ait accès, soit librement, soit sur la présentation des affiliés. Il s'ensuit que l'art. 410 n'est pas applicable aux Cercles fermés, c'est-à-dire ceux dont les sociétaires seuls sont admis à participer aux jeux qui s'y tiennent. Mais l'élément de publicité requis pour l'application de l'art. 410 subsisterait alors même que le public ne serait admis dans le local où l'on joue que moyennant le payement d'un droit d'entrée. (Douai, 28 février 1899, D. P. 103. 2. 375).*

C'est ici que triomphent les tenanciers.

En effet, aux termes de la loi, un Cercle est une association, et, à l'art. Associations et Congrégations, le Dictionnaire Pratique de Droit, 1re livraison, p. 105, donne de la chose la définition suivante : « *l'association est la convention par laquelle deux ou plusieurs personnes mettent en commun, d'une manière permanente, leurs connaissances ou leur activité, dans un but autre que de partager des bénéfices.* » Et, plus loin, par. 9 : « *dans l'association, l'apport des associés consiste dans leurs facultés, leurs efforts personnels en vue d'un résultat dénué de tout intérêt pécuniaire. Le but de l'association peut être de venir en aide aux malheureux, de développer l'instruction scientifique, littéraire ou artistique, de propager une doctrine religieuse, politique ou sociale, de procurer aux membres de l'association des profits*

*intellectuels ou moraux, ou même de simples
délassements, et non de donner un profit matériel
appréciable en argent. Aucun des associés ne
cherche à faire un gain. L'association ne conduira
donc pas à un partage de bénéfices.*

Et voilà sur quelle misérable équivoque vivent
les tenanciers de Cercles ! Ils ne donnent pas à
jouer. Non, ils protègent les arts, propagent une
doctrine, s'inquiètent du développement intellec-
tuel de la nation, et vous sentez bien que pour
ce genre d'activité se réunir autour d'une table
de baccara est absolument indispensable. Aussi,
les prétextes ne manquent-ils pas. Il se fonde des
Cercles pour réunir les gens d'une même région
en subsistance à Paris, pour le perfectionnement
de la race chevaline, de la race bovine, et même
de la race humaine, pour le développement de
l'automobilisme. Quand au jeu, on prétend qu'il
n'est là qu'à titre accessoire, et que le produit de
la cagnotte n'est destiné qu'à couvrir les frais de
l'association. Or, à part les Cercles où il est interdit de jouer, on peut affirmer que le jeu est l'unique
raison d'être de l'association.

D'où vient donc que le gouvernement tolère le
baccara dans les Cercles ? d'où vient qu'il ne dise
pas aux soi-disant protecteurs des arts, des sciences
et de l'agriculture : pour couvrir vos frais aug-

mentez vos cotisations ? Tout simplement parce qu'il ne touche que 20 francs par membre, soit, pour un Cercle réunissant 300 associés, 6.000 francs par an, tandis que dans ce même Cercle, où s'usent par jour quatre sixains à 30 francs, soit pour 120 francs de cartes à 5 francs le jeu, l'Etat perçoit comme impôt 2 fr. 50 par jeu, soit une redevance de 60 francs par jour, de 1.800 francs par mois, de 16.200 francs pour une saison de neuf mois. Et le Cercle dont nous parlons est un Cercle moyen ; dans certains autres, on use jusqu'à cinq, six et sept cents francs de cartes par jour. Or, à Paris et en province, les Cercles pullulent, des sommes fabuleuses passent sur le tapis vert, des suicides se produisent, des faillites s'accumulent, et sur tout cela : sang versé, ruines amoncelées, familles détruites, l'Etat républicain, ayant, au dire de Charles de Secondat, baron de la Brède et de Montesquieu, la vertu pour principe, prélève, bon ou mal an, quelques millions d'impôt.

Pourtant les immortels principes sont là, qu'accuse l'éducation donnée : l'argent doit être le produit du travail, raison philosophique et morale de l'interdiction des jeux de hasard, parmi lesquels, autrefois, la jurisprudence ne reconnaissait exclusivement que ceux auxquels, seul, le strict hasard présidait. Or, devenue extraordinairement vertueuse avec le triomphe définitif du principe républicain, la jurisprudence a élargi la définition, englobant (24 juillet 1891) parmi les jeux de hasard, *tous ceux dans lesquels la chance prédomine sur l'adresse et les combinaisons de l'intelligence,* ce qui, à supposer qu'on le joue honnêtement, est le cas pour le baccara. Alors, de quel droit, en vertu d'un décret caduc autant qu'impérial, et que détruit l'arrêt de la chambre criminelle de la Cour de Cassation du 24 juillet 1891, Son Excellence le ministre de l'Intérieur autorise-t-il, chaque année, dans les Casinos, le baccara et les petits chevaux, justement considérés par la Loi comme jeux de hasard, c'est-à-dire comme jeux prohibés ?

La chose est extrêmement importante, les tenanciers de Cercles puisant dans l'autorisation illégale accordée à tout fermier de jeux dans un Casino une singulière puissance de raisonnement. En effet, de quel droit interdire au Cercle ce que l'on tolère au Casino, et comment démontrer que ce qui est bien et légal trois mois de l'année à un certain endroit, devient mauvais et illégal, neuf mois durant, à un autre endroit ? Pourtant, la Loi est là, qui interdit les jeux au hasard ; — alors ?

— Alors (répliquent ceux que n'embarrassent point les considérations légales et qui s'affirment partisans de tous les jeux, y compris ceux de hasard) vous n'ignorez pas qu'il n'existe rien d'absolu en ce monde, et que le principe le plus équitable doit s'appareiller aux contingences. Or, jusqu'à un changement social dont l'échéance est impossible à prévoir, tant que persistera l'héritage, l'argent, à supposer qu'il ne soit primitivement que le fruit du travail, retourne fatalement aux oisifs en qui sa possession détruit le sens d'une activité dont ils ne peuvent concevoir la noblesse. Cet argent, en compagnie de ceux qu'éblouira toujours l'espoir d'une fortune acquise sans effort, les oisifs le dépensent au jeu, et, si vous voulez être logique avec vous-même, vous reconnaîtrez qu'il peut y avoir là manifestation d'une justice supérieure, le bien échu sans travail faisant ainsi retour à la communauté, tout joueur présent, vous ne sauriez y contredire, étant un futur décavé.

Et bien, si nous admettons une minute ce raisonnement qui, entre autres défauts, a celui de ne tenir aucun compte des souffrances injustes imposées par le joueur aux membres de sa famille dont il dévore le patrimoine, il péchera toujours par la base, supposant naïvement que c'est le hasard qui préside aux jeux de hasard. Or, au Cercle comme au Casino, il n'y a pas de hasard, mais bien la mise en coupe mathématiquement réglée de l'imbécillité humaine par tous les aigrefins qui ne vivent que du jeu : passe-temps pour l'oisif, appât mirifique pour le lâche, *travail* pour le grec. Et, si vous prenez la peine d'y réfléchir une minute, vous ne tarderez pas à vous apercevoir qu'il ne peut en être autrement, aucun industriel n'ayant encore trouvé le moyen de faire des bénéfices en vendant à perte.

Mais ceci veut une explication.

La voici :

Je pose en principe que, dans tout Cercle comme dans tout Casino, les frais l'emportent de moitié sur le produit de la cagnotte, renforcé du revenu dérisoire des cotisations pour le Cercle, des entrées pour le Casino.

Dès lors de quoi vivra le tenancier du Cercle, le fermier des jeux du Casino, sinon du vol ?

Reste à prouver ce que j'avance, ce qui sera l'objet du présent ouvrage.

La chose faite (et pour cela je n'aurai que trop d'arguments à développer), serai-je oui ou non, sans m'exagérer le mérite de la tâche accomplie, en droit de dire au quelconque ministre de l'Intérieur à qui le hasard des fluctuations politiques aura confié le pouvoir :

— N'estimez-vous pas, M. le ministre, qu'à titre de simple honnêteté il serait opportun que vous renonçassiez au droit douteux que vous confère le décret du 18 juin 1806 d'autoriser, dans les Casinos des stations balnéaires et thermales, certains jeux de hasard, tels que le baccara et les petits chevaux, jeux qu'interdit, vous devez le savoir aussi bien que moi, l'arrêt formel de la Cour de Cassation du 24 juillet 1891 ?

Oui, n'est-ce pas ? à supposer que je remplisse (et je la remplirai) ma promesse de démontrer que tout tenancier de Cercle ou fermier de Casino est acculé, pour vivre, à la pratique multiforme de l'escroquerie, mon droit strict sera bien de parler ainsi à M. le ministre de l'Intérieur.

Néanmoins, quoi qu'il arrive, je me garderai comme de la peste de profiter jamais d'un pareil droit, car, en admettant qu'il lui convienne de me répondre, nul doute que Son Excellence ne me dise, pareille à ces partisans acharnés du jeu que n'embarrassent point les considérations légales :

— Mon jeune ami, les magistrats de la Cour de Cassation sont évidemment de très honnêtes gens qui ont dû, comme c'était leur devoir, méditer profondément Montesquieu, ce dont je les félicite. Malheureusement ! en élargissant jusqu'aux limites de la plus méritoire vertu la définition des jeux de hasard, ils ont totalement négligé d'instruire mes prédécesseurs et moi-même des ressources destinées, dans leur esprit, à combler le trou fâcheux que ne manquerait pas de creuser dans le budget l'absence des millions profitables, que rapporte à l'Etat l'impôt sur les jeux. Au surplus, la chose ne me regarde pas, étant plutôt du ressort de mon collègue et ami, l'honorable ministre des Finances. Adressez-vous donc à lui, c'est un homme charmant, un lettré délicat qui a lu Montesquieu... et même Suétone ; il vous renseignera donc infiniment mieux que je ne saurais le faire sur la nécessité où se trouvent parfois les représentants de la plus vertueuse des formes gouvernementales, de s'asseoir sur les principes qu'ils représentent.

Et j'avoue humblement que je ne saurais trop quoi répliquer à un pareil discours.

C'est donc aux seuls joueurs que je m'adresse, non aux joueurs invétérés, alcooliques qu'aucun raisonnement ne touchera jamais, mais aux joueurs encore jeunes dans la carrière et croyant à la présence fallacieuse du hasard au baccara.

A ceux-là je dis :

— Lisez ce livre, lisez-le attentivement ; l'homme qui l'a écrit, à défaut de talent, est sûr de ce qu'il avance, et n'avance rien qu'il ne prouve. L'ouvrage une fois considéré, allez au Casino et regardez, puisque aussi bien la saison estivale est proche. Regardez de tous vos yeux, interrogez, cherchez, vous aurez vite fait d'acquérir la conviction que l'on vous vole et que, par-dessus le marché, on se moque de vous, car, il n'y a pas d'erreur à cet égard, pour le tenancier, son personnel et le grec redoutable, vous n'êtes que des poires, mes bons amis, de lamentables poires. Ayez le courage de le reconnaître, désertez le Cercle et le Casino, et je donne ma tête à couper que, l'impôt sur les jeux devenant moins productif, Son Excellence M. le ministre de l'Intérieur, d'accord en cela avec son honorable collègue des Finances, ne tardera pas à trouver les raisons d'ordre moral susceptibles de conduire à l'abrogation vertueuse de l'immoral décret du 18 juin 1806, œuvre exécrable de la tyrannie, comme chacun sait. Mais, pour cela, il est indispensable que vous ayez vous-même l'énergie de vous sauver de vous-même.

C'est la grâce que je vous souhaite.

Et maintenant à l'œuvre !

La Machine à Voler

CHAPITRE I

Comment se Fonde un Cercle

Plus sceptique qu'une porte de prison, Auguste Tirelouis, ancien croupier, désire fonder un Cercle, et, pratique, songe d'abord à la façade. Il faut donc que le Cercle futur ait un prétexte honnête, un président à panache, un comité honorable : éléments quelque peu difficiles à réunir, quand on jouit d'une réputation douteuse, ce qui est le cas pour M. Auguste Tirelouis, lequel ne se fait aucune illusion à cet égard.

Néanmoins, possesseur de 500.000 fr., acquis à l'aide d'un certain nombre de procédés dont le lecteur connaîtra le détail quand il aura pris connaissance de ce volume, M. Tirelouis se met bravement en campagne, et, pour commencer, cherche un local. Il faut que ce local soit vaste, haut de plafond, situé non loin des Boulevards, dans une maison d'apparence cossue, et contienne, outre un certain nombre de pièces accessoires, une salle de restaurant, une salle de conversation, une petite salle des jeux, une grande salle des jeux ou tapis vert, et, cela va de soi, de vastes caves et une cuisine confortable. Pour la bagatelle de 5o.ooo fr. de loyer il en voit la farce et, grâce au dépôt d'un somme rondelette, s'assure une promesse de bail.

— Et maintenant, se dit l'honorable Tirelouis, occupons-nous du comité.

Or, nous savons que M. Tirelouis désire, avant tout, un président à panache, quelque chose comme un général ou un colonel en retraite, titré autant que possible, hautement gradé dans la légion d'honneur. Malheureusement ! le général visé, il y a tout lieu de le croire, recevrait d'une manière plutôt fraîche M. Tirelouis, ancien croupier, si ce dernier avait l'imprudence de se présenter à son domicile. Conscient de cet aléa, pour atteindre le général, M. Tirelouis s'adresse donc à un intermédiaire, c'est-à-dire, en l'espèce, à un demi-sel, personnage trop curieux, pour que nous ne nous arrêtions pas un instant à sa monographie.

Le Cercle le plus fermé contient un certain nombre de brebis galeuses, même dans son comité. Il ne s'agit pas, bien entendu, d'une gale dégoûtante, avec abcès purulents, mais d'une gale modeste, formée de quelques petites croûtes que recouvre la laine. Le demi-sel est donc un joueur décavé que la misère imminente incite à des concessions fâcheuses d'abord, à de véritables escroqueries ensuite. Fauché par les grecs au service du tenancier, le malheureux épuise son crédit à la caisse. Le caissier prévient de la chose le tenancier qui s'offre à prêter de l'argent à M. le baron, joueur en déveine. M. le baron accepte une fois, deux fois, dix fois, et, comme il ne peut jamais rendre, perdant toujours, se trouve bientôt à la tête d'un pavé d'une dizaine de mille francs, peut-être d'avantage.

C'est ici que l'attendait le tenancier.

Mais, pour être bien sûr qu'il tient son homme, avant de lui proposer une *affaire*, il le fait cuisiner, lui prêtant encore vingt-cinq ou trente louis. Ces quelques cents francs, il va de soi que M. le baron les joue comme il a joué les dix mille autres... pour se rattraper. Or, dans la petite salle des jeux, faisant un écarté, à son insu M. le baron a comme adversaire un grec qui s'arrange de manière à laisser voir deux ou trois fois dans son jeu, et qui, M. le baron profitant de ce hasard (?), prévient de la chose le tenancier.

Mis au courant de cette première déchéance morale, à quelques jours de là, le tenancier dit à M. le baron qui lui permet une certaine familiarité, lui devant plus de cinq cents louis :

—Ecoutez, mon cher, vous me devez de l'argent. Je ne vous le réclame pas, vous sachant dans l'embarras. D'ailleurs, je vous l'ai déjà dit, j'ai confiance, la veine vous reviendra. Seulement, vous devriez bien, en attendant, me rendre un petit service. Vous savez que nous avons eu quelques démissions ces temps derniers. Or, vous avez des quantités de relations, vous allez aux courses, à toutes les premières, tâchez donc de nous amener quelques membres, cela ne doit pas vous être difficile, et je vous en serais... très reconnaissant.

Supposez ce petit discours tenu à un naïf, il se considérera comme trop heureux d'accéder à la demande d'un créancier de bonne composition. Mais un joueur décavé, un homme qui triche déjà, comprend, ou à peu près, ce qu'on attend de lui, et, s'il s'exécute, ce doit être en connaissance de cause. En tout cas, le tenancier saura bientôt à quoi s'en tenir, car les très jeunes gens que lui amène M. le baron, il les fait *rincer* d'importance au baccara, dès la première partie. Ce jour-là, si M. le baron jouit encore d'une conscience, il ne lui reste plus, ayant averti ses victimes, qu'à se faire sauter la cervelle. Mais, partout, l'héroïsme est rare, et, s'il se perdait dans le monde, çà n'est pas aux alentours du tapis vert qu'on en trouverait les derniers vestiges. M. le baron, tout compte fait, estime donc qu'il vaut mieux se taire, et, comme les pharisiens de la Bible, après s'être bouché les yeux et les oreilles, le lendemain il reçoit, quelque peu grossis pour la circonstance, les trente deniers de Judas Iscariote.

Le demi-sel est créé, car maintenant la déchéance de M. le baron est irrémédiable, et ne pourra que s'accentuer au fur et à mesure des occasions. D'ailleurs, le racolage lui devient familier. Fréquemment il va du Hâvre à New-York où il ne reste que huit jours, revenant par le même paquebot qui l'a conduit en Amérique. En route, il lie conversation avec les voyageurs, se fait des amitiés, et, grâce à de larges pourboires, sachant par le maître d'hôtel où la poire richissime doit descendre, suit dans ses pérégrinations l'Américain trop heureux d'avoir un baron pour le piloter, le présenter au Cercle et lui faire éviter, par inscription antidatée, les huit jours d'attente que les règlements imposent aux nouveaux membres avant qu'il leur soit permis d'entrer dans la grande salle des jeux. Si l'opération réussit, le demi-sel touche, outre ses frais de voyage, cent ou deux cents louis, quelquefois davantage, suivant ce que l'Américain laisse sur le tapis.

Mais à cela ne se bornent pas les talents du demi-sel. Il lui arrivera, par la suite, de tailler pour la maison, c'est-à-dire de prendre la banque sachant que les cartes mises au marbre sont rangées dans un ordre préétabli assurant au banquier un gain prévu d'avance, et qu'il partage proportionnellement avec le tenancier. Là, néanmoins, s'arrête son savoir-faire, car, honnête à l'origine, il est entré trop tard dans la carrière pour atteindre jamais l'adresse de main, le coup d'œil extraordinaire du grec. On l'a dessalé, mais à moitié, d'où le nom bizarre de demi-sel qui, désormais, sera sa tunique de Nessus. Au demeurant, qu'il travaille ou non, au Cercle il sera toujours assuré d'un louis par jour, recevant en outre le dîner et le déjeûner, ce qui fait qu'à l'appellation de demi-sel, déjà mentionnée, il joindra celle, infiniment plus gracieuse, de gueule franche.

Or, ce baron demi-sel, de baronnie authentique ou frelatée, M. Tirelouis le connaît, et c'est à lui, tout naturellement, qu'il demandera d'aller trouver M. de X., grand croix de la légion d'honneur, général de brigade en retraite. Et M. de X., général et marquis, recevra M. le baron qui, autrefois, a servi sous ses ordres, dans le 612e Hussards. Et M. le baron, qui sait que le général n'a que sa retraite pour vivre, estime, à juste raison, que ce dernier ne verra aucun inconvénient, si on lui présente la chose de façon honnête, à devenir Président du Crotting-Club, association faite en vue de l'amélioration de la race chevaline, pour aider à la remonte du corps des officiers en cas de guerre.

En effet, rien ne désigne M. le baron à l'animadversion des honnêtes gens. Ça n'est, somme toute, qu'un joueur ayant eu des hauts et des bas, et qui a surmonté la déveine grâce à quelques petits moyens dont il garde jalousement le secret. Il a une façade morale, un titre, est marié, père de famille, fils de gens riches, et, tous les jours, à Paris, on serre la main à quantité de gens dont les moyens de vivre seraient autrement difficiles à établir que les siens. Le général sera donc Président du Crotting-Club et, pour cela, touchera mille francs par mois, et aura table ouverte au Cercle quand il lui plaira de s'y présenter. Or, comme c'est évidemment un très honnête homme, on s'arrangera de manière à ce qu'il ne soit là que pour discuter les expositions, de chevaux, car il faut bien justifier le titre admis de Crotting-Club, donné au nouveau Cercle. En toute autre circonstance on tâchera d'éviter sa venue, et, s'il honore de sa présence la grande salle des jeux, comme le contrôle permanent de son intransigeante probité pourrait, à la longue, devenir dangereux, on le flambera, dégraissera, dévalisera comme un simple pigeon, histoire de lui montrer qu'un ex-général français, grand croix de la légion d'honneur, a autre chose à faire que de jouer au baccara.

En attendant, on se sert de lui qui, à son insu, sert une bande de gredins, car le tenancier connaît d'autres demi-sels que M. le baron à qui il n'a songé d'abord que parce qu'il fréquentait le général. On va donc partout battre le rappel au nom du général de X. qui, de son côté, ne reste pas inactif, donnant de sa personne, et bientôt le Comité se trouve constitué. Il se compose, outre le général Président, d'une quinzaine d'individualités honorables, plus un quator de demi-sels, comprenant cet excellent M. le baron, dont vous venez de faire connaissance. En apparence, on piochera ferme les mesures à prendre en vue de l'amélioration de la race chevaline pour la remonte du corps des officiers en cas de guerre, mais, pour le tenancier, âme de l'affaire, le jeu est la grande question, et, en réalité, c'est ce tenancier qui dirigera la maison, laissant aux poires du Comité, dont le général, le soin d'en justifier la façade. D'ailleurs, on n'aura jamais le moindre reproche à lui adresser, car, qu'il s'agisse d'une fête à donner ou d'une exposition chevaline, il fournira toujours les fonds nécessaires, assurant que le produit de la cagnotte suffit à couvrir les frais, ce qui est exact... mais pas tout-à-fait, nous le verrons plus tard, comme l'entendent les membres honnêtes du Comité.

Du reste, avant d'entamer ces travaux, on a dû élaborer les statuts, que le général, pour ce qui regarde le jeu, a exigé très sévères. Les statuts une fois élaborés, le Président les ratifie, et c'est là le plus clair de son travail, car, pour le reste, il a un secrétaire. Néanmoins, le Crotting ne peut fonctionner encore, et le Dictionnaire Pratique de Droit nous en fournit la raison. En effet, il y est dit : 1ʳᵉ livraison, par. 16 : *Toute association qui veut obtenir la capacité juridique doit être rendue publique au moyen d'une déclaration préalable. La déclaration doit être faite une fois que le contrat est conclu et que les statuts sont arrêtés. Elle doit avoir lieu préalablement à tout acte de la vie civile, etc.* — Par. 17 : *La dé-*

claration préalable doit être faite par écrit. Elle fait connaître le titre et l'objet de l'association, le siège de l'établissement et les noms, professions et domiciles de ceux qui, à un titre quelconque, sont chargés de son administration ou de sa direction, etc. — Par. 18 : *Elle est faite à la préfecture de l'arrondissement où se trouve le siège de l'association. A Paris et dans le département de la Seine, c'est à la préfecture de police que doit être fait le dépôt, etc. — Par. 19 : L'autorité qui reçoit la déclaration est tenue de délivrer un récépissé (art. 5). Il est daté et signé par le préfet ou son délégué ou par le sous-préfet (Décr. 16 août 1901, art. 5) Dans aucun cas le préfet ou le sous-préfet ne peut, sans excès de pouvoir, se refuser à délivrer le récépissé. Il ne lui appartient pas, en effet, de vérifier la régularité des statuts ou la légalité, le caractère licite ou illicite de l'association. Seuls les tribunaux judiciaires sont compétents pour se prononcer sur ces questions,* etc.

Comme il est facile de s'en rendre compte, la déclaration n'est qu'une simple formalité qui doit, dans le délai d'un mois, être rendue publique par les soins des directeurs ou fondateurs, au moyen de l'insertion au *Journal Officiel*.

Durant ce délai, à quoi M. Tirelouis, tenancier

du Crotting, va-t-il employer ses facultés adminis-
tratives ?

Nous allons le savoir.

CONSTITUTION DU PERSONNEL
DES JEUX

Il faut à M. Tirelouis, rien que pour fonctionne la grande salle des jeux : un commissaire des jeux, un croupier, un caissier et un changeur, abstraction faite du valet de pied, du verseur, du groom et du téléphoniste qui, naturellement, ne viennent qu'en seconde ligne.

Le commissaire des jeux, personnage d'importance, est l'arbitre suprême et immédiat en toute contestation. Un coup apparaît-il comme douteux, c'est lui qui décide, et tout le monde s'incline. Il est donc indispensable, pour ce genre d'emploi, de ne s'adresser qu'à un homme de confiance. Aussi, M. Tirelouis a-t-il grand soin de recourir à un demi-sel de ses amis, bien vu des joueurs, et qui, de par l'étendue de ses relations, pourra fournir au Crotting un nombre assez considérable d'adhérents. De cette manière tout s'arrange, les joueurs seront satisfaits, et M. Tirelouis, sûr que son commissaire des jeux aura soin d'être partout, excepté près du tapis vert, quand il s'y passera quelque chose que sa discrétion l'oblige à ignorer, n'hésite pas à donner 2.000 frs par mois à ce fonctionnaire précieux.

Le croupier, lui, n'est, en apparence, qu'une espèce de domestique au service des joueurs. Il connaît et pratique à merveille le côté matériel du jeu, sa manipulation. Il jette dans le pot les cartes venant de servir, demande de l'argent, sous forme de jetons, au changeur, ramasse les mises, distribue les gains, emplit la cagnotte, etc.

De plus, il doit posséder quelques petits talents supplémentaires dont voici, à peu près, l'énumération.

Un bon croupier doit savoir :

1º BATTRE A LA PARISIENNE, c'est-à-dire battre les cartes d'une façon spéciale qui donne aux pontes présents, et au banquier, l'illusion d'une batte réelle et, par conséquent, d'un mélange honnête. Pourtant cette batte est fausse, comme le sera la partie engagée à sa suite.

2º FAIRE UNE FAUSSE SALADE OU UNE FAUSSE MÊLE, c'est-à-dire, tout en ayant l'air de précipiter les cartes au hasard sur le tapis, et de les mélanger au hasard également, les ramener toujours dans l'ordre primitif.

3º Monter a la palette, c'est-à-dire, lorsque le coup est joué et payé, ramasser les cartes à l'aide de sa palette et les jeter dans le pot suivant un ordre préétabli, de telle manière que, la taille étant épuisée, et un homme à la solde du tenancier prenant la banque, si l'on ne fait pas venir de cartes neuves, que la partie suivante soit maquillée pour au moins les trois premiers coups.

4º Pratiquer l'étouffage, genre d'opération qui consiste à prendre une certaine partie des jetons appartenant au banquier, et à en mettre quelques-uns (*les étouffer*) dans sa poche, à l'insu de tous. Nous reviendrons plus tard sur cette escroquerie se rattachant aux nombreux tours que le croupier peut accomplir à l'aide de sa palette magique, et comme alors nous nous servirons de figures, pour le lecteur tout deviendra clair.

Pour l'instant, contentons-nous de dire que ce à quoi M. Tirelouis attache la plus grande importance, c'est de savoir si son croupier futur pratique de manière congrue la batte à la parisienne et la fausse mêle. Aussi, pour s'assurer de la chose, M. Tirelouis, ancien croupier lui-même, fait-il passer au postulant un examen sévère, lui remettant deux jeux usagés, disposés de la manière suivante: tous les trèfles par valeurs numériques, as, rois valets, etc., les cœurs, les piques et les carreaux observant le même ordre. Armé de ces deux jeux, le postulant bat, coupe, recoupe, bat encore, donnant à l'œil exercé de M. Tirelouis l'illusion d'un mélange absolu des cartes qui, pourtant, demeurent toujours dans l'ordre primitif. Pour atteindre à ce degré de perfection, il a fallu que longtemps, quelques heures par jour, le futur croupier s'exerce devant une glace, jusqu'à ce qu'il arrive à ne plus jamais se prendre lui-même en flagrant-délit de trucage.

Enfin il y est parvenu et, juste récompense d'un labeur acharné, M. Tirelouis l'embauche, lui promettant, pour tout potage, 33 o/o sur les pourboires qu'il touchera, ce qui doit paraître extra-ordinaire au lecteur, et ce qui s'explique pourtant, les pourboires en question se traduisant communément par des deux ou trois louis que tout joueur chanceux n'hésite pas à donner au croupier. D'ailleurs, l'exemple de M. Tirelouis est là. N'est-ce pas de cette manière que l'honorable tenancier du Crotting est devenu possesseur, l'étouffage aidant, des 5oo.ooo frs qui lui permettent de monter un Cercle? Néanmoins, il a peut-être tort de ne pas mieux reconnaître les services de son croupier, et, plus tard, il se pourrait fort bien que nous vissions ce dernier pratiquer l'étouffage dans un but personnel. Mais quoi, il faut avoir l'esprit large et, quand on emploie des domestiques, s'attendre au sou du franc.

Si le croupier rapporte à son patron, par contre, le caissier, qui fournit jusqu'à 5oo.ooo frs de caisse, touche, suivant l'importance de son apport, 12, 15, 20 ou 25 o/o sur le produit de la cagnotte. C'est, assez souvent, un ancien huissier qui risque son argent parce qu'on fait miroiter à ses yeux l'espérance d'un remboursement usuraire, les joueurs, quand ils empruntent à la caisse, se montrant généreux lors du règlement de comptes... à moins, toutefois, qu'ils ne se laissent afficher. Et c'est là qu'est le péril pour le caissier, car il doit, de par traité, consentir à chaque joueur un crédit que stipule le tenancier. Mais il y a mieux encore. Si un joueur réputé solide et qui, d'habitude, laisse beaucoup sur le tapis, vient à dépasser son crédit, pour le caissier il y va de sa place si, en dépit des objurgations du tenancier, il se refuse à renouveler le prêt. Conséquence : au bout d'un certain temps, l'argent du caissier, prêté aux joueurs qui le perdent sur le tapis, passe en grande partie dans la poche du tenancier qui jette impitoyablement le caissier à la porte, dès qu'il ne peut renouveler sa caisse.

Comparativement au commissaire des jeux, au croupier et au caissier, le changeur n'est qu'un pauvre hère. Aussi bien, sa fonction se réduit-elle à faire la navette entre le tapis vert et la caisse, échangeant l'or contre des jetons. Il est l'âme damnée du croupier qui l'engage directement, comme le commissaire des jeux est l'âme damnée du tenancier. Croupiers et changeurs fréquentent assidûment un grand café des boulevards, situé entre la Madeleine et l'Opéra, et c'est là qu'on vient les chercher à l'époque où s'établissent les contrats.

Nous connaissons maintenant les frais occasionnés par le personnel de la grande salle des jeux, car le valet de pied, le verseur, le groom et le téléphoniste sont personnages trop minimes pour que nous nous y attardions. Nous les retrouverons plus tard, quand il s'agira d'établir la formidable liste de toutes les dépenses qu'entraîne le fonctionnement d'un Cercle.

LE TAPIS VERT

Durant le délai imposé par la Loi entre la déclaration, la réception du récépissé, et l'insertion à l'*Officiel*, M. Tirelquis ne s'est pas occupé que du personnel de la grande salle des jeux ; il a meublé le Cercle, faisant de la salle de conversation une merveille de confort, installant le restaurant, la petite salle des jeux, répandant la lumière à profusion. Mais, faisant cela, toujours et tout le temps, c'est à la grande salle des jeux qu'il a pensé.

En effet, dans la petite salle, où il prélèvera, comme dans la grande, 10 o/o sur les jeux, c'est au poker, au whist, à l'écarté, au piquet que s'adonneront les membres du Cercle, mais, sitôt la banque ouverte dans la grande salle, les petits jeux doivent s'arrêter. Au point de vue profit, la petite salle est donc à la grande ce que un est à dix, bien que, jusqu'à ce jour, les joueurs ne semblent pas avoir compris encore le sens de l'interdiction qui leur est faite de jouer dans la petite salle, alors qu'on vient d'ouvrir la banque dans la grande. La chose est pourtant claire. On les entraîne, pour ainsi dire de force, au baccara, et rien que cela devrait leur donner à réfléchir, si un joueur était capable de réflexion.

De ce qui précède, il s'ensuit que, pour un tenancier, la petite salle des jeux ne compte pas. Il y a même de grandes chances pour que là ne s'accomplisse, tout au moins de la part du tenancier, aucun vol. Si vous le voulez, ce sera le cas pour le Crotting, M. Tirelouis ayant des idées larges, et estimant qu'il serait misérable de sa part de s'attarder à prendre 10 louis à droite, alors que, à gauche, il est toujours sûr d'en prendre 200. Quant aux moyens à l'aide desquels se plume le pigeon aux petits jeux, nous les étudierons tout à loisir dans le volume consacré au jeu commercial, et qui suivra celui-ci.

Donc, c'est à la grande salle des jeux que pense uniquement M. Tirelouis, et comme c'est là que, trônant au milieu du temple, se trouve installé l'autel, c'est-à-dire le Tapis Vert! il est juste que nous nous arrêtions une minute à la description de cet instrument redoutable.

Mais auparavant, pour plus de clarté, en voici la reproduction; — *voir ci-dessous fig. 1.*

C'est, comme il est facile de s'en rendre compte,

une table construite en ovale très allongé, mesurant environ 2 m. 60 d'une extrémité à l'autre, et recouverte d'un tapis vert ; — d'où son nom.

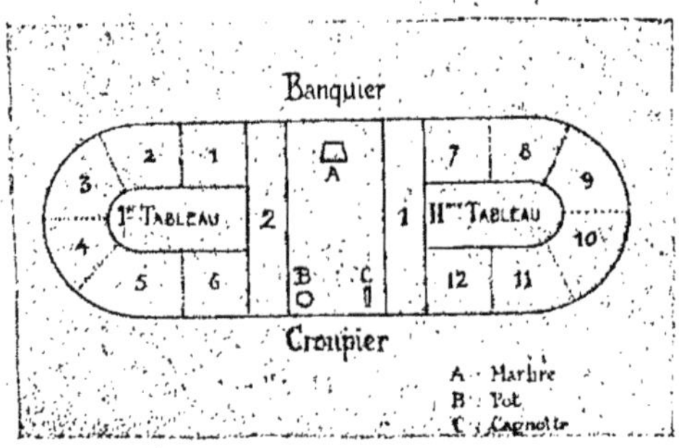

Fig. 1

Au milieu, se faisant face et assis chacun sur une chaise haute, se trouvent le banquier et le croupier, ou plutôt se *trouveront*, quand le Crotting, définitivement en règle avec la Loi, sera ouvert. Mais, pour M. Tirelouis, c'est tout un, et, par avance, il voit le Cercle fonctionnant ; — faisons comme lui.

Face au banquier, se trouve le marbre, dont voici la reproduction ; — *voir ci-dessous : fig 2.*

C'est, d'où son nom, une sorte de pupitre en marbre, à pente accentuée, sur lequel on disposera les cartes pour le baccara en banque, ou baccara *taille au marbre.*

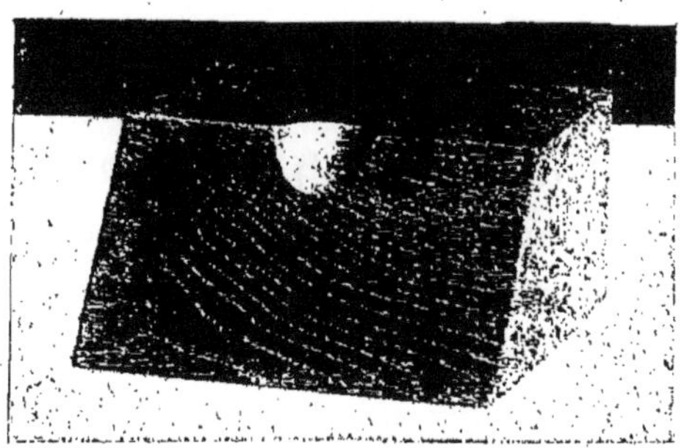

Fig. 2

A la gauche du croupier se trouve le pot, à sa droite la cagnotte. Le pot, où le croupier jette les cartes venant de servir, est mobile, tournant dans un trou creusé à même la table ; il est comparable à un chapeau haut-de-forme dont le rebord irait de l'extérieur à l'intérieur. Quant à la cagnotte, également creusée à même la table, elle est recouverte d'une planche, glissant dans une rainure et n'ayant pas plus de deux doigts de largeur, tant la confiance règne de tenancier à croupier.

Comme le banquier, son nom l'indique, tient la banque, c'est lui qui dirige le jeu, dont le croupier, nous le verrons, n'accomplit, du moins en apparence, que les formalités accessoires.

Pour leur faciliter le travail, le tapis vert est divisé en deux tableaux réservés aux joueurs : le tableau I à la droite du banquier, le tableau II à sa gauche (*fig 1*).

Néanmoins, les joueurs du tableau I peuvent ponter (*mettre de l'argent*) sur le tableau II, et, pour que cela soit possible sans créer un va-et-vient susceptible de troubler le jeu, faisant suite à l'espace qu'occupent en vis-à-vis le croupier et le banquier, se trouvent deux bandes indiquées en chiffres ordinaires dans la fig. 1 : la bande 1 accolée au tableau II, la bande 2 accolée au tableau I.

Profitant de ces deux bandes, il est donc loisible aux pontes (*joueurs*) du tableau I, ou tableau de droite, de miser sur le tableau II, ou tableau de gauche. Ils peuvent également mettre un louis à cheval sur leur tableau et sur la bande représentant l'autre tableau, ce qui revient à dire que ce louis participe des deux tableaux. En ce cas, si l'un des tableaux est gagnant et l'autre perdant, pour le ponte le coup est nul, et le croupier annonce :

— Le cheval ne fait rien.

Heureux joueur ! pour une fois il est impossible de le voler.

Enfin, derrière les pontes assis (6 par tableau) se trouvent deux catégories de joueurs se tenant debout.

Pour les pontes assis, il y a : Ier tableau, 6 cases numérotées ; IIème tableau, 6 cases numérotées.

Les numéros du Ier tableau partent de la droite du banquier et vont rejoindre le croupier dans l'ordre naturel : 1-2-3-4-5-6, le banquier ayant le n° 1 à sa droite, le croupier le n° 6 à sa gauche.

Pour le IIème tableau c'est le contraire qui se produit, les numéros devant toujours partir du banquier qui se trouve ainsi avoir le 7 à main gauche, tandis que le croupier a le 12 à main droite : ordre facile à vérifier en consultant à nouveau la fig. 1.

M. TIRELOUIS ACHÈTE DU COMBUSTIBLE

La machine à voler est prête : c'est le tapis vert, en attendant que nous ayons démontré que c'est le Cercle.

Il lui faut du combustible, en l'espèce non du charbon, mais du papier, c'est-à-dire des cartes.

Pour le gouvernement la question est importante, car il trouve là (nous l'avons déjà dit dans la préface et nous ne saurions trop le répéter) une grande source de profits.

Or, nous ne l'ignorons pas, le gouvernement méprise le joueur, à tel point que jamais la police ne prendra un joueur comme agent. Néanmoins, si le gouvernement méprise le joueur, il ne laisse pas que de profiter de sa bêtise, ayant établi un impôt spécial sur les jeux de Cercles (2 fr. 5o par paquet, une paille comme on peut voir), lesquels jeux, imprimés sur carton de qualité supérieure, doivent porter sur chaque figure le mot : Cercle.

Autrefois, les tenanciers vendaient aux cafetiers

les jeux de cartes hors d'usage : d'où ralentisse-
ment fâcheux dans le produit de l'impôt. Pour
obvier à cet inconvénient, on a décidé (Loi du
12 avril 1890) que, de chaque jeu hors d'usage, le
tenancier devrait extraire l'as et le valet de trèfle,
ce qui rend ce jeu inutilisable et, conséquemment,
invendable.

Dura lex, sed lex... il faut en passer par là.

Donc, ayant obtenu de la Préfecture récépissé
des statuts de fondation, tout en attendant l'insertion à l'*Officiel*, en même temps qu'il meuble le
Crotting et en choisit le personnel, M. Tirelouis se
rend, muni du récépissé, chez le receveur des contributions indirectes de son quartier, et demande
un permis pour obtenir livraison, suivant l'importance du Cercle, d'un certain nombre de jeux à la
fabrique.

Le receveur fait une enquête et délivre un permis pour cinquante, cent ou deux cents jeux.

Ce permis, M. Tirelouis le porte à la Maison ***
(fabrication de cartes à jouer) et choisit le tarot,
c'est-à-dire le dessin colorié qui devra, toujours
le même, se trouver au revers de chacune des cartes fabriquées pour le Cercle, et, plus tard, le lecteur comprendra l'avantage énorme que peut tirer
un tenancier d'un tarot judicieusement choisi.

La commande faite, la Maison *** fabrique et livre.

C'est ici qu'apparaît le bénéfice gouvernemental.

Il est infiniment rare, en effet, autrement que dans les Cercles minimes (et le Crotting ne saurait être rangé parmi ceux-là) que l'on fasse resservir les cartes une fois la banque épuisée. Tout au plus les emploiera-t-on pour la partie de baccara dite chemin de fer, ou pour le poker. En principe, dans tout Cercle coté (et, sans jamais atteindre au premier rang, le Crotting sera néanmoins coté) les cartes ayant une fois servi sont mises au rebut, et, pour en obtenir d'autres, M. Tirelouis devra se rendre, muni de l'as et du valet de trèfle de chaque jeu inutilisable, à la Maison *** qui lui remettra autant de jeux neufs que, de son côté, M. Tirelouis aura pu lui remettre de fois les deux cartes. Un Cercle coté, d'ordre moyen (tel le Crotting), use, nous l'avons établi dans notre préface, pour environ 120 fr. de cartes par jour, sur lesquels 120 fr. l'Etat en empoche 60, ce qui revient à dire que le jeu lui rapporte presque autant que l'alcoolisme. De par les exigences budgétaires, ça n'est donc jamais l'Etat qui prendra sérieusement la défense des joueurs contre les tenanciers.

Mais nous nous attardons, et déjà la déclaration

du Crotting, rendue publique par insertion à l'*Officiel,* a été, grâce aux bons soins du préfet, reproduite au « Recueil des actes administratifs de la préfecture. » —Décr. 16 août 1901. — Il y est dit, entre autres choses, que le Crotting-Club est une association ayant pour but le perfectionnement de la race chevaline en vue de la remonte du corps des officiers en cas de guerre. Il y est dit aussi que ledit Crotting-Club est un Cercle fermé, c'est-à-dire un de ceux dont les sociétaires seuls sont admis à participer aux jeux qui s'y tiennent, d'où il s'ensuit que c'est à l'aide du baccara qu'on y perfectionnera surtout la race chevaline, et si, après cela, la cavalerie allemande ne se tient pas sur ses gardes, c'est que la race germaine n'enfante que des héros.

CHAPITRE II

Le Crotting fonctionne

Entrez niais, imbéciles, poires et gogos, on flambe ! ! Robert Macaire tient la banque et Bertrand est son croupier. Mais, pour les découvrir canailles, nous allons d'abord les supposer honnêtes. Comme la supposition ne leur coûtera rien, ils nous la laisseront faire. Entrez ! on flambe ! ! — le Crotting fonctionne !

Auparavant, la caverne meublée, outillée, pour attirer les joueurs, on a lancé les invitations à un dîner d'ouverture : sorte d'appât présenté aux gogos. Le général était là, avec toutes ses décorations, et le Comité au grand complet : mélange agréable d'honnêtes gens, de demi-sels, de demi-probités. Il y avait des hommes politiques, des journalistes, des sportsmen, des cabots, des bretteurs : cent cinquante personnes environ. Au dessert, ces Messieurs se sont fait inscrire en se servant de parrains les uns aux autres, et on a signé les feuilles d'adhésion.

Quelle garantie admirable que ce parrainage ! Vous faites partie d'un Cercle, voir même du comité de ce Cercle, et un de vos amis, homme d'une probité insoupçonnable, vous demande d'être, en sa compagnie, parrain de M. Z, dont il répond. Allez-vous dire à cet ami, à cet honnête homme :

— Connaissez-vous M. Z ? Etes-vous bien sûr de ses antécédents ?

Non, n'est-ce pas ? pour mille raisons vous ne demanderez pas cela à votre ami, et si, de la meilleure foi du monde, ce dernier s'est trompé sur le compte de M. Z, vous aurez, vous membre du comité, fait entrer une fripouille dans votre Cercle.

Et cet inconvénient se multiplie, va de l'ami au camarade, du camarade à la simple relation. Etre dans un endroit, le fréquenter, présuppose une bonne opinion à l'égard de cet endroit, tout comme inviter un Monsieur à venir chez vous présuppose que vous l'estimez honnête, ou alors vous ne vous estimez pas vous-même. A ce dîner d'ouverture, avec toutes ses décorations, le général de X., grand croix de la légion d'honneur, répond de l'honorabilité de l'assistance, la logique lui en fait un devoir... et aussi le besoin d'augmenter sa retraite. Il est donc tout naturel que les cent cinquante MM. présents puissent se faire inscrire en se servant de parrains les uns aux autres.

Au lieu de se rendre à l'évidence, les gens du monde, quand on leur parle de ces choses, ergotent, discutaillent, font étalage des sévérités du règlement dans *leur Cercle !* Ils devraient pourtant se souvenir de la petite histoire suivante. Dans un des Cercles les mieux cotés de Paris, un de ceux où il faut montrer patte blanche et faire preuve d'authentique noblesse pour entrer, un grec fameux s'introduisit, il y a quelques années, portant beau et muni de faux papiers. Pour le découvrir il ne fallut rien moins que la trahison d'un autre grec, et l'intervention de la brigade des jeux. Un des agents de cette brigade, qui connaissait l'homme de vue, s'introduisit, déguisé en larbin, au vestiaire du Cercle, et quand l'homme passa, demandant son pardessus, il lui fit le coup classique, l'appelant par son nom. Un tressaillement, et le grec, reconnu, dut filer, portant ailleurs son savoir-faire, car il n'aurait pu être question de le poursuivre, le délit étant impossible à prouver. Combien avait-il enlevé là? 1.200.000 fr. au comte de R.

Mais ceci nous éloigne du Crotting.

Revenons-y.

A huit jours d'intervalle (on ne peut encore truquer avec le règlement qui exige que huit jours s'écoulent entre l'inscription d'un membre et son entrée dans la grande salle des jeux) au dîner d'amorçage succède le dîner de la véritable ouverture, celle où l'on flambe ! c'est-à-dire où l'on joue pour la première fois. A ce repas, où ne doivent être épargnés ni le champagne, ni les liqueurs, ni les cigares, M. Tirelouis a consacré plusieurs billets de 1.000, tout un *fin matelas* qu'il récupérera... plus tard.

En attendant, le repas terminé, on passe du restaurant à la grande salle des jeux tout battant neuf, et, la nuit durant, ce sera sur l'ébène des fracs, sur la blancheur immaculée des plastrons un ruissellement de lumières.

Après la griserie du champagne, celle de l'électricité.

Le caissier remet au changeur, qui les apporte au croupier, deux jeux de 52 cartes, *munis de leur cachet* : ce qui, pour les joueurs, nous le constaterons au moment voulu, constitue une bien jolie sauvegarde.

Tout en décachetant ces jeux, le croupier dit :

— Messieurs, la banque est aux enchères.

Aussitôt, l'un sur l'autre des joueurs surenchérissent.

— Vingt-cinq louis.

— Trente.

— Quarante !

— Cinquante !

— Cent !

LE CROUPIER : Messieurs, une fois.. deux fois.. trois fois... on ne dit rien ? (*A l'homme aux 100 louis*) Monsieur, vous êtes banquier.

Alors, devenu banquier, l'homme aux cent louis s'assied face au croupier à qui il remet en espèces (billets ou or), le montant de la banque qui lui a été adjugée.

LE CROUPIER (*appelant d'un ton impératif :*) Changeur ? la monnaie.

Immédiatement, le changeur lui remet en jetons et plaques de diverses natures l'équivalent de la monnaie qu'il encaisse.

Ces jetons et plaques sont en nacre, variant de taille, de couleur et de dimension, et portant, inscrite en francs, la valeur qu'ils représentent. Par exemple, le jeton de 5 fr. sera en nacre blanche et portera écrit : 5 fr.; le jeton d'un louis sera en nacre rouge et portera écrit : 20 fr. ; le jeton de 100 fr. sera équivalent, comme dimension, à une pièce de cent sous. Rectangulaires (ce qui les différencie des jetons qui affectent la forme ronde) les plaques seront également graduées, celle de vingt-cinq louis pareille à une petite carte de visite cornée, et portant écrit : 500 fr.; celle de cinquante louis un peu plus grande, etc. (1).

Mais il y a longtemps déjà que le changeur est retourné à la caisse, afin d'y renouveler en jetons et plaques le montant des espèces que vient de lui remettre le croupier. Quant à ce dernier, sitôt en possession de la monnaie, il a prélevé le 10 o/o sur les cent louis en banque, soit dix louis qu'il a introduits dans la rainure de la cagnotte située, nous le savons, à sa droite, à angle droit avec le bord du tapis, et suffisamment éloignée pour parer à toute erreur de geste, les préoccupations multiples du croupier pouvant l'amener à confondre cagnotte et poche de gilet.

A ce moment, désireux de faire un compte rond, le banquier dit :

— Cent louis pleins !

Et remet 10 louis à la banque.

On le voit, tous les rites préliminaires ont été accomplis, l'autel est paré, le temple regorge de fidèles, il ne reste plus à décrire que...

(1) De plus, pour éviter la fraude, les jetons sont divisés par séries indiquables chacune par un matricule spécial sur chaque jeton. On jouera donc le lundi avec la série 70 par exemple, le mardi avec la série 34, etc.

LA PARTIE

L'instant est solennel.

Le croupier bat les cartes.

Le banquier et lui sont entourés des douze pontes qui occupent les douze numéros du tapis vert, tandis que, derrière, d'autres pontes se tiennent debout.

Après avoir battu les cartes, le croupier les présente à droite, disant :

— Messieurs, les cartes passent.

Car tout joueur a le droit de rebattre les cartes ou de les couper, chose qu'il ne fait pas d'habitude, tant on craint de mettre, ou d'avoir l'air de mettre en suspicion la probité toujours si parfaite du croupier.

Ayant présenté les cartes à droite, le croupier répète la même manœuvre à gauche, puis, il pose les cartes sur le bout de sa palette : instrument magique dont voici la reproduction ; voir ci-dessous : fig. 3.

Fig. 3

Regarde bien cet appareil de prestidigitation, lecteur bénévole. Cela n'est rien ou pas grand chose en apparence, tout au plus un sabre de bois, une batte d'Arlequin légèrement renflée vers le milieu, longue, flexible, d'allure inoffensive. C'est pourtant avec cet accessoire de comédie que le croupier peut envoyer l'argent à sa destination, ou l'en détourner, suivant les besoins de la cause... Mais ceci viendra plus tard. Pour l'instant, le croupier n'a fait que poser les cartes sur le bout de sa palette qui les maintient à angle incliné avec le tapis. Ce mouvement préliminaire accompli, il pousse les deux jeux vers le banquier, disant :

— Voici, Monsieur.

Et ce « Voici Monsieur » est onctueux, mielleux, gluant, appellateur de futurs pourboires.

Le banquier, *sans y être tenu néanmoins*, a le droit, dont il ne profite généralement pas, de rebattre, lui aussi, les cartes.

Par contre, il est absolument tenu de les faire couper.

Il s'adresse pour cela à un des pontes qui coupe

à la main, ou à l'aide d'une carte de coupe : morceau de carton rouge ou bleu, afin que, par sa couleur, il tranche violemment sur les cartes.

Les cartes coupées, le banquier les dispose sur le marbre, car il n'a pas le droit de tenir le paquet en mains pour donner. Cette manière de distribuer s'appelle tailler au marbre, et voici l'aspect que présente un marbre garni de sa taille ; — voir ci-dessous : fig. 4.

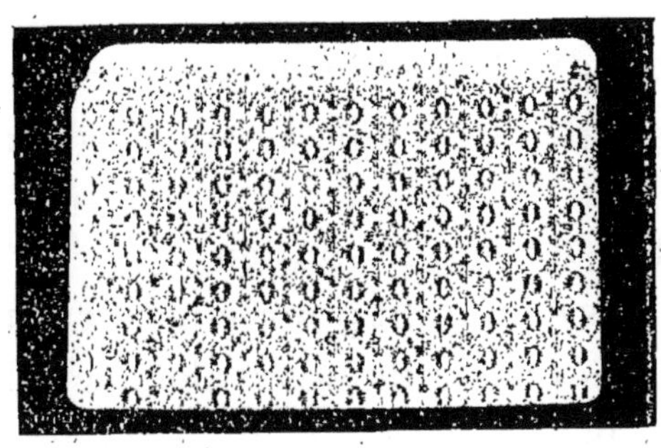

Fig. 4

Le marbre une fois garni, le croupier dit :

— Messieurs, faites vos jeux.

Les pontes établissent leurs jeux en mettant, chacun à son numéro, la somme qui lui convient, pouvant jouer indifféremment sur l'un ou sur l'autre tableau, ou à cheval sur les deux tableaux, ainsi que nous l'avons précédemment expliqué.

Le Croupier : Les enjeux sont faits ? *(deux secondes d'arrêt.)* Rien ne va plus.

A ce moment les joueurs ont cessé leurs mises, et le banquier distribue les cartes qui, appuyées au marbre, figures invisibles, constituent le talon.

D'un doigt ou avec toute la main, distribuant à droite d'abord et à gauche ensuite, ou bien encore des deux côtés à la fois, une à une le banquier détache les cartes du talon et les fait glisser sur le tapis, les répartissant comme suit :

1° une à droite — une à gauche — une pour lui.
2° une à droite — une à gauche — une pour lui.

Ceci fait, il regarde son jeu.

Les cartes comptent pour leur valeur numérique. Les figures (rois, dames, valets et les 10) ne comptent pas. Elles sont donc réputées nulles et dénommées bûches.

Le banquier, ayant regardé son jeu, en fait l'addition, et voit s'il atteint 8 ou 9.

S'il atteint l'un de ces chiffres, il doit abattre en annonçant 8 ou 9.

Les « ayant-main », c'est-à-dire le premier joueur (occupant le n° 1) à la droite du banquier, et le premier joueur (occupant le n° 7) à la gauche du banquier, regardent également leurs cartes.

C'est l'ayant-main du tableau de droite qui parle le premier, disant, s'il a 8 ou 9 :

— J'abats !

Et abattant.

S'il en est de même pour l'ayant-main du tableau de gauche, il procède comme vient de le faire l'ayant-main du tableau de droite.

Or, tel sera le cas pour la partie que nous supposons.

Le banquier a le chiffre 9, formé par ses deux cartes.

L'ayant-main de droite a également 9.

L'ayant-main de gauche a 8.

Donc, tout le monde a abattu, et le résultat est le suivant : le tableau de droite, ayant abattu 9, ne gagne ni né perd puisqu'il est à égalité avec la banque ; le tableau de gauche n'ayant abattu que 8, toutes les mises de ce tableau sont ramassées par le croupier qui, à l'aide de sa palette, les porte à la masse du banquier. De plus, la totalité des mises ayant couvert inexactement la banque : 50 louis à droite, 44 louis 3/4 ou 895 francs à gauche, les mises du tableau de droite restent la propriété des pontes qui n'ont ni gagné ni perdu, et qui sont libres d'augmenter ou de diminuer leurs mises, et les mises du tableau de gauche (44 louis 3/4) augmentant la banque, celle-ci se trouve portée de 100 louis à 144 louis 3/4. Pour les pontes ayant mis un louis à cheval, le cheval perd 10 francs puisque la banque, à égalité d'un côté, a perdu de l'autre.

Si le banquier se croit en veine, il peut continuer la partie jusqu'à épuisement des 104 cartes de la taille. Si, au contraire, superstitieux comme tout joueur, pour une raison quelconque il estime que ce jour là il ne pourra gagner deux fois de suite, il est libre de se contenter de son gain, soit 34 louis 3/4, défalcation faite des 10 o/o de la cagnotte.

Imaginons que ce soit le cas pour le banquier qui nous occupe.

Il se lève donc, et dit :

— Il y a une suite.

Aussitôt, le changeur présente une sébile au croupier qui la remplit de jetons pour la valeur de 144 louis 3/4. Ces jetons, le changeur les remet au banquier qui, s'il veut continuer à jouer comme simple ponteur est libre de le faire, de même qu'il est libre de passer à la caisse où on lui remboursera en or la valeur de ses jetons. Dans l'un ou l'autre cas, bien que n'y étant pas forcé, il a soin de donner au croupier et au changeur un pourboire sous forme de jetons.

La banque est donc à prendre au point où elle se trouve : c'est-à-dire qu'on peut voir la suite.

Si personne ne se présente pour cela, les cartes doivent être brûlées.

Dans le cas qui nous occupe, quelqu'un se présente.

C'est un des pontes qui dit :

— Je vois la suite.

Il s'installe à la place du banquier sortant, et pose devant lui 144 louis 3/4, sur lesquels le croupier prélève à nouveau 10 o/o pour la cagnotte.

Cette formalité accomplie, le nouveau banquier dit au croupier :

— Faites faire les jeux.

Le croupier annonce donc :

— Messieurs, faites vos jeux : 70 1/4 à droite ; 70 à gauche.

L'explication de ce calcul bizarre est la suivante : sur les 144 louis 3/4 du banquier, le croupier ayant prélevé 10 o/o, soit 290 fr. en chiffre rond, il reste en banque 140 louis 1/4 ou 140 louis + 5 fr. Or, aucune mise ne devant être inférieure à 5 fr., si le croupier divisait par deux la mise pour chaque tableau, il y aurait de chaque côté 70 louis + 2 fr. 50. C'est donc pour éviter ces 2 fr. 50 que le croupier annonce : 70 1/4 à droite ;

70 à gauche, le Ier tableau, ou tableau de droite, bénéficiant de la plus grosse mise en pareil cas.

Ceci dit, la seconde partie s'engage, et l'on refait les jeux comme précédemment.

Cette partie donne le résultat suivant.

Le banquier a deux as : soit 2.

Au lieu d'annoncer ou d'abattre, il dit donc :

— J'en donne.

Ce qui signifie qu'il donnera une carte à qui lui en fera la demande.

La position des ayant-main est à ce moment celle-ci : l'ayant-main de droite est resté le même que dans la première partie, parce que le tableau de droite n'a ni gagné ni perdu, et la main lui serait également restée si le tableau avait gagné ; au contraire, le tableau de gauche ayant perdu, pour ce tableau l'ayant-main change : c'était auparavant le premier ponte à la gauche du banquier, c'est maintenant le second, occupant le n° 8 du tapis.

La position des ayant-main établie, voyons ce qui va se passer.

L'ayant-main de droite, s'apercevant qu'il a un bon chiffre : 7, répond au banquier :

— Non.

Ce qui signifie : Je me contente de mes cartes.

L'ayant-main de gauche qui a un mauvais chiffre : 2, comme le banquier, réplique :

— Carte... ou simplement oui.

En d'autres termes : Je prends une carte.

C'est la deuxième phase de la seconde partie.

Elle se déroule ainsi : le banquier détache une carte du talon, et, à l'aide de sa palette, le croupier porte cette carte, *que le banquier a retournée sur le tapis, afin que tout le monde puisse la voir*, à l'ayant-main de gauche.

Cette carte est un 6.

Le banquier, qui n'a que 2, prend également une carte qui se trouve encore être un 2.

Il annonce donc à haute voix son point, disant :

— Quatre !

Alors, le croupier répète :

— Quatre à la banque.. perdu partout

Et il annonce les points :

— Sept à droite, huit à gauche.

Ceci fait, pour payer il commence par les ayant-main, distribuant 70 louis 1/4 à droite, 70 louis à gauche.

Admettons maintenant que la mise du tableau de gauche, au lieu d'être de 70 louis, n'atteigne que 65 louis, le supplément de cette mise (100 fr.) est supposé avoir été mis par l'ayant-main précédent. Le croupier paye donc, commençant par l'ayant-main actuel (occupant le n° 8) et, arrivé à l'ancien ayant-main qui, en vertu de ce procédé, se trouve être le dernier à devoir toucher, comme il n'a plus d'argent, il dit :

— Ça n'atteint pas.

Conclusion : le n° 9, ancien ayant-main de gauche, ne touche rien.

Dans le cas où le tableau aurait perdu, la mise supplémentaire n'aurait pas été encaissée.

Comme il n'y a plus d'argent en banque, cette partie se trouve terminée, et la banque est remise aux enchères avec des jeux neufs.

OU L'ON RÉPOND A QUELQUES OBJECTIONS EN AYANT L'AIR DE LES CONFIRMER... CE QUI N'EST QU'UN AIR

Jusqu'ici, pensera le lecteur, en dépit de nos affirmations pessimistes, tout se passe le mieux du monde au Crotting où chaque individu exerce régulièrement la fonction qui lui est répartie.

Nous concédons cela au lecteur.

Nous irons même plus loin.

Le règlement affiché dans la salle, ce fameux règlement que le général de X. a voulu si sévère est de tout point admirable.

— En voulez-vous quelques preuves ?

— Très volontiers.

— Qu'à cela ne tienne, en voici trois.

1° : Lorsqu'un banquier qui a deux cartes en mains en laisse tomber une (*qu'il ait ou non annoncé son jeu*), il doit dire :

— Croupier ? carte à terre, voyez.

A son tour, le croupier appelle et dit :

— Valet de pied ? voyez une carte à terre.

Aussitôt, le valet de pied se précipite, ramasse la carte et la remet au banquier.

Le coup continue.

Il n'en est pas de même si, au lieu de ne laisser tomber qu'une carte, le banquier en laisse tomber deux, car alors, pour lui, le coup est perdu.

Mais il y a mieux encore !

Le banquier n'a laissé choir qu'une seule carte. Or, le banquier est un joueur inexpérimenté, tenant la banque pour la première fois. Il y a donc tout lieu de penser qu'instinctivement il se baissera. Si, à ce moment psychologique, le règlement ne lui revient pas en mémoire, et que, s'étant baissé, il commette l'imprudence de ramasser la carte échappée, il a perdu et doit payer les mises des deux tableaux.

Etonnement de ce joueur naïf qui, au besoin, esquisse une protestation.

Hélas ! il n'y a rien à faire, le croupier dit avec un bon sourire : « C'est le règlement, monsieur ! » et si le banquier insiste le moins du monde, le commissaire des jeux, personnage intrègre et compétent, ordonne d'un mot bref que le règlement soit suivi. De la sorte, le joueur inexpérimenté apprend que la première chose dont il faut faire abstraction, une fois au tapis vert, c'est la confiance dans l'estime d'autrui. Car, il n'y a pas à tergiverser, ce dont on vient de soupçonner là un honnête homme c'est d'avoir feint d'échapper une carte mauvaise afin d'en ramasser une bonne, préparée à l'avance, autrement le règlement qu'on lui applique n'aurait pas de raison d'être.

2° : Sans la moindre intention frauduleuse, le banquier, en distribuant les cartes, au lieu de n'en donner que deux à l'ayant-main de droite ou à celui de gauche, en donne trois.

Immédiatement, l'ayant-main annonce :

— Banquier, vous m'avez donné trois cartes.

Cette formalité accomplie, il regarde son jeu et en fait le meilleur point, c'est-à-dire que s'il a par exemple un as, un 8 et une bûche (10 ou figure), il ne tient pas compte de la bûche et annonce :

— Neuf !

Maintenant, renversons le problème.

C'est le banquier qui, par erreur, au lieu de ne prendre que deux cartes, s'en est adjugé trois. Lorsqu'il annonce la chose, les pontes peuvent enlever leurs mises ou les diminuer, et le banquier tirera sur baccara : c'est-à-dire sur o. En d'autres termes, aux trois cartes qu'il possède déjà, le banquier devra en ajouter une quatrième qui, seule, comptera pour son point ; or, on sent bien que, en de telles conditions, à moins d'une veine énorme, il a toutes les chances contre lui.

3° : Le banquier, n'ayant ni 8 ni 9, n'a pu ni annoncer ni abattre.

Il doit donc dire :

— Cartes ? ou j'en donne.

Et attendre.

Comme on en demande presque toujours, l'habitude l'emportant, bien que personne n'ait rien demandé encore, machinalement il détache une carte du talon, et l'offre à l'ayant-main de droite qui la refuse, disant :

— Non.

Devant ce refus, le banquier offre la carte à l'ayant-main de gauche qui la repousse également, disant, lui aussi :

— Non.

Alors seulement, le banquier se souvient que personne ne lui avait rien demandé et, comme il a un point avantageux : 7, cette carte, qui n'appartient à personne, il veut la remettre au talon.

Le croupier s'y oppose, disant :

— Elle est à vous, Monsieur.

— Comment cela ?

— C'est le règlement.

Voilà donc le banquier obligé de prendre à son compte cette carte supplémentaire, et de l'ajouter à son point. Conséquence : s'il avait 7 et que la carte supplémentaire donne 3, il fait baccara ou o... et perd partout.

Mais attendez, ça n'est pas tout encore, car enfin, au lieu que cette carte supplémentaire représente 3, elle peut fort bien ne représenter que 2, auquel cas le banquier a 9.

Le Lecteur : En effet.

L'Auteur : Et que supposez-vous qu'il arrive, alors ?

Le Lecteur : Que le banquier gagne sur les deux tableaux.

L'Auteur : Et que tout le monde l'accuse de filouterie.

Le Lecteur : Parce que ?

L'Auteur : Parce que ces mêmes joueurs qui auraient trouvé tout naturel qu'avec o le banquier perdît et payât, estiment extraordinaire qu'avec 9 il gagne et touche. Aussi, demeurent-ils persuadés que s'il a pris une carte en plus, c'est parce qu'il avait vu son point et ne l'estimait pas suffisant.

Le Lecteur : Pardon ! vous oubliez que jusqu'à présent nous supposons la partie honnête, et qu'entre gens intègres...

L'Auteur : Monsieur, cette réflexion part d'un bon naturel, et vous honore grandement. Néanmoins, croyez-moi, il n'y a pas de joueur qui ne suspecte la probité de l'autre joueur, son voisin.. surtout quand il perd. J'ai quelque expérience de ces choses, et je sais ce que je dis. Quand une fois un banquier a pris une carte de trop, ce qui peut lui arriver de mieux, s'il tient à sa réputation, c'est de faire baccara.

Le Lecteur : N'exagérez-vous pas ?

L'Auteur : Pour vous prouver que non, permettez-moi de vous raconter une petite histoire.

J'ai vu, dans un Cercle du Nord, un industriel (un filateur autant qu'il me souvienne) qui taillait au marbre pour la première fois. Il prend une carte de trop, l'offre à droite, à gauche,.. personne n'en veut. Qu'est-ce que fait notre homme ? il la remet au talon. Le croupier intervient : « Monsieur elle est à vous. » — « A moi ? » — « Oui, Monsieur, c'est le règlement. » — « — Le règlement ? » — « Oui, Monsieur, et vous devriez le connaître, car je vous ai aperçu, tout-à-l'heure, en train de le lire. » En effet, il l'avait lu, mais pour se distraire, et sans y prêter grande attention. Quand au croupier, ce qui explique son insolence c'est qu'il en voulait au bonhomme qui, assez heureux comme ponte, ne donnait jamais de pourboire. D'abord le banquier devient tomate, et puis tout blanc... parce que tout le monde le regardait. Enfin il se remet, accepte l'inévitable, additionne son point. Il avait 5 auparavant, la carte supplémentaire était un 4, cela lui faisait 9, et il avait gagné sur les deux tableaux. Ah ! Monsieur ! si vous aviez vu les pontes, et surtout, si vous les aviez entendus ! ! ! Aussi, j'en reviens à mon opinion : ce qui peut arriver de mieux à un banquier honnête ayant pris une carte de trop, c'est de faire baccara, et, pour ce qui est du côté draconien des règlements, remarquez, je vous prie, qu'il ne vise que les joueurs, non le tenancier.

Le Lecteur : Soit ! mais cela ne démontre toujours pas...

L'Auteur : L'intérêt que peut avoir cet excellent M. Tirelouis à dévaliser les membres du Crotting.

Le Lecteur : Evidemment !

L'Auteur: Et c'est là ce que vous voudriez savoir ?

Le Lecteur : En effet.

L'Auteur : On va vous l'apprendre, cher Monsieur.

A COMBIEN SE SOLDE
LE FONCTIONNEMENT DU CROTTING

Nous savons que M. Tirelouis a engagé un commissaire des jeux à raison de 24.000 fr. pour l'année. A ce fonctionnaire précieux il fournit en outre la table. Mais négligeons ce détail, et admettons que ce commissaire ne lui coûte que 24.000 fr. A la vérité, il devrait avoir deux commissaires, mais alors ne donnerait à chacun que 12.000 fr. ; donc, pour le commissaire des jeux : 24.000 fr.

Il a également deux croupiers... qui lui rapportent ceux-là ; — il n'y a donc pas à en faire mention dans l'état des frais.

Il s'est assuré les services de deux changeurs : 1.200 fr. à chacun, et les pourboires ; soit, pour M. Tirelouis, une dépense globale de 2.400 fr. qui, ajoutés aux 24.000 fr. du commissaire des jeux, font 26.400 fr.

Un secrétaire, peu payé, a 1.200 fr. par an : 26.400 + 1.200 = 27.600 fr.

Le général de X, grand croix de la légion d'honneur et Président du Crotting, touche 12.000 fr. et, si la chose lui convient, profite de la table sans bourse délier. Admettons que, marié et aimant son intérieur, il ne mange que rarement au Cercle. Cela n'en fait pas moins : 27.600 + 12.000 = 39.600 fr.

Passons aux victuailles, ce qui se boit et ce qui se mange, le liquide et le solide.

L'économe des cuisines a 6.000 fr ; le maître d'hôtel a 5.000 fr. ; le saucier a 2.500 fr. ; le rôtisseur, 2.500 fr. ; le plongeur 1.800 fr. ; quatre serveurs pour le service de table ont chacun 1.800 fr., soit pour eux quatre : 7.200 fr. ; deux serveurs pour les consommations reçoivent, en plus des pourboires, 600 fr. chacun, soit, à eux deux : 1.200 fr.

Additionnez tout cela, et vous obtenez : 6.000 + 5.000 + 2.500 + 2.500 + 1.800 + 7.200 + 1.200 = 26.200 fr. qui, ajoutés aux 39.600 fr. des frais déjà établis, se totalisent par la somme rondelette de 65.800 fr.

Mais, poursuivons.

Un valet à la porte 1.800 fr. ; un garçon d'appel 1.800 fr. ; un valet de pied touche, en plus des pourboires, 1.200 fr. ; soit 4.800 fr pour les trois personnages, ce qui monte les frais du personnel entier à 70.600 fr.

Le Crotting doit être ouvert toute l'année, ce qui fait que l'éclairage, à raison d'un peu moins de 110 fr. par jour, atteint, pour l'année, 40.000 fr.

Il y a 10.000 fr. de chauffage, 50.000 fr. de loyer, et pour meubler, tapisser, orner le Cercle, M. Tirelouis a dépensé 50.000 fr, soit pour l'éclairage, le chauffage, le loyer et l'ameublement : 160.000 fr.

Donc 70.600 + 160.000 = 230.600 fr.

C'est déjà joli, mais nous ne sommes pas au bout du rouleau.

Une fois par semaine, durant les neuf mois de la saison, il y a réception au Cercle : dîner fin avec champagne, cigares, liqueurs... etc. Admettons qu'il ne vienne que cent personnes à chacune de ces réceptions, à 20 fr. par tête cela fait 2.000 fr. par réception, et, pour les trente-six réceptions : 72.000 fr.

Le Crotting, quand il sera tout-à-fait lancé, comptera environ 300 membres, et comme le gouvernement prélève un impôt de 20 fr. par membre, cela fait encore une non-value de 6.000 fr.

On use, durant les neuf mois de la saison, pour 120 fr. de cartes par jour, et, durant la morte-saison, on en usera pour 50 fr. par jour, soit 32.400 fr. pour la saison, et 4.500 fr. pour la morte-saison : en tout 36.900 fr.

Enfin, le tenancier doit mettre à la disposition

des membres (ce gratuitement) un service de voitures à traction électrique ou animale : coût 15.000 fr.

Additionnons encore : 72.000 fr. de réceptions + 6.000 fr. d'impôts sur membres + 36.900 fr. de cartes + 15.000 fr. de voitures = 129.900 fr.

Les frais déjà établis s'élèvent donc à 230.600 fr. + 129.900 fr. = 360.500 fr.

Et cela n'est pas prêt d'être fini ! Mais, tout de même, arrêtons-nous un peu... histoire de respirer.

Arrêtons-nous, et, en regard des frais connus, établissons les recettes possibles.

Pour couvrir ses frais, le tenancier d'un Cercle devrait avoir trois sources de revenus : le produit de la cagnotte, celui du restaurant, les cotisations des membres. Or, pour des raisons que nous expliquerons tout-à-l'heure, le restaurant, loin de rapporter quoi que ce soit, coûte fort cher. Restent donc le produit des cotisations, et la cagnotte.

Des cotisations il est à peu près inutile de parler, car, dans un Cercle de tout premier ordre, il n'est pas demandé plus de 100 fr. et, au Crotting, cercle moyen parmi les cotés, M. Tirelouis ne peut compter que sur 50 fr. lesquels, allégés des 20 fr. de l'impôt que perçoit le gouvernement, se réduisent à 30 fr., soit, pour 300 membres : 9.000 fr.

Quant à la cagnotte, le plus clair de son revenu, elle ne dépassera pas 1.500 fr. par jour durant les neuf mois de la saison, et 400 fr. par jour durant les trois mois de la morte-saison, soit 405.000 fr. de saison + 36.000 fr. de morte-saison = 441.000 fr. Or, sur ces 441.000 fr., il donne 25 o/o, le quart, au caissier, soit exactement 110.222 fr. 50, ce qui réduit la cagnotte à 330.777 fr. 50.

Les revenus additionnés sur quoi peut compter M. Tirelouis s'élèvent donc à 330.777 fr. 50 + 9.000 fr. = 339.777 fr. 50.

Retranchons, à présent, ces revenus des frais déjà établis, nous obtenons : frais 360.500 ; revenus 339.777,50.

Résultat : 20.722 fr. 50 de déficit à l'actif de M. Tirelouis ! !

Et là-dessus poursuivons, car, nous l'avons dit, nous n'en avons pas encore fini avec les frais.

Et d'abord, établissons bien ceci : la cuisine (à supposer que tous les membres d'un Cercle payent leurs repas) coûte fort cher au tenancier. Voici pourquoi :

La mangeaille constitue, avec la lumière, l'appât servant à amorcer le gogo : on l'éblouit, on le gave, au besoin on le saoûle... et on le dévalise. De quoi se plaindrait-il, d'ailleurs, ce gogo ? Il paye 4 fr. un repas qui en vaut 10. A lui de calculer et de se demander la raison d'un tel phénomène. Et ne dites pas que nous exagérons, cherchez bien, fouillez dans votre mémoire. Que vous soyez joueur ou non, il n'est guère possible que, une fois au moins dans votre vie, vous ne soyez entré dans un Cercle. C'est M. Gogo qui vous a invité, car il en a le droit. Comme vous vous extasiez sur la bonne chère, il vous en a révélé le prix, et vous avez dit, tout étonné :

— Aux Boulevards cela coûterait trois fois plus.

Ce à quoi M. Gogo a repliqué :

— Aux Boulevards on te vole.

Pauvre cher gogo ! admirable poire ! !

Mais il y a mieux.

Au Cercle on ne réclamera jamais le montant de ses repas à un véritable joueur, non plus que sa cotisation. Et M. le duc, M. le marquis, M. le vicomte accepteront très bien cette espèce d'aumône, ayant gardé de l'ancien régime la très aristocratique habitude de ne jamais payer un fournisseur. Ici encore, nous faisons appel aux souvenirs du lecteur pour confirmer notre dire. Vous tous, qui fournissez la clientèle mondaine, consultez vos livres et révélez-nous combien de pas et de démarches vous coûte la rentrée d'une créance. Mais chut ! c'est là le secret professionnel :

secret terrible ! que Polichinelle garde soigneusement.

Or, ce mystère impénétrable, M. Tirelouis le connaît, car M. Tirelouis est un habile homme, et son petit doigt lui révèle bien des choses. Il sait quelle pitoyable réputation de mauvais goût lui vaudrait une réclamation auprès de M. le duc, de M. le marquis ou de M. le vicomte. Il ne leur demandera donc jamais rien, quitte à se rattraper sur le tapis vert. Aux seuls adhérents (très rares) qui ne jouent pas, il présentera la note et fera appliquer le règlement, c'est-à-dire l'exclusion en cas de non paiement. Pour lui, les autres, tous les autres, du général Président à M. le baron demi-sel, sont des gueules franches que, après les avoir voiturées à l'œil, il nourrit à l'œil : coût 100.000 fr. Au besoin, à la sortie il leur glisserait des cigares dans les poches. La délicatesse de ces MM. s'opposant à ce qu'il ait recours à de pareils moyens, M. Tirelouis leur prête des sommes qu'il ne réclame jamais, ne tirant parti de sa créance que pour transformer un joueur décavé en demi-sel, comme nous le lui avons vu faire pour M. le baron : coût, environ 12.000 fr. par an. Si bien que 100.000 fr. de repas non payés, ou payés au dessous de leur valeur, s'ajoutant à 12.000 fr. de prêts non remboursés, élèvent les frais à la somme de

472.500 fr. (360.500+112.000) et le déficit annuel à 132.722 fr. 50.

Ces 132.722 fr. 50, comment M. Tirelouis va-t-il les récupérer ?

Parbleu ! en augmentant la somme des frais.

Bon patriote, M. Tirelouis apprécie évidemment la poire Française, mais, tout de même, il estime encore davantage la poire Américaine plus juteuse comme chacun sait. C'est pourquoi il paye aux demi-sels des voyages aller-retour du Hâvre à New-York, des voyages en Angleterre, en Allemagne, dans toute l'Europe, pourquoi il s'entend avec des grecs et des combinards : personnages dont nous n'allons pas tarder à faire connaissance. Et tout cela lui coûte encore bien la bagatelle de 100.000 fr., ce qui porte son déficit à 232.722 fr. 50 : chiffre respectable auquel nous nous arrêterons, bien qu'il soit au-dessous de la vérité, puisqu'il ne comporte ni les dépenses nécessitées par les expositions de chevaux (raison d'être apparente du Crotting), ni celles qu'entraînera, de temps à autre, l'invitation faite à quelques sommités artistiques de venir satisfaire à ce besoin d'idéal enclos dans les âmes mondaines.

Et maintenant, voilà prouvé l'assertion contenue dans notre préface qu'au Cercle, comme au Casino, il n'y a pas de hasard, mais bien la mise en coupe mathématiquement réglée de l'imbécillité humaine par tous les aigrefins qui ne vivent que de jeu, aucun industriel n'ayant encore trouvé le moyen de faire des bénéfices en vendant à perte.

Car toute la question est là : oui ou non un tenancier de Cercle, assumant toutes les charges d'une entreprise telle que le Crotting, peut-il vivre du produit de la cagnotte? Pour la résoudre, cette question, allez donc aux environs des Boulevards, là où se tiennent les Cercles cotés, moyens et grands, et informez-vous de ce que coûte un local pareil à celui que nous avons décrit. Tâchez de savoir ce que représente un personnel, à combien reviennent les denrées, l'ameublement, l'ornementation dans un établissement cossu, fréquenté par une clientèle riche, et vous ne tarderez pas à vous apercevoir que, dans nos calculs, nous sommes restés de beaucoup (volontairement d'ailleurs) en deçà de la réalité.

La cagnotte du Crotting, avons-nous dit, rapporte, à raison de 10 o/o sur les mises en banque, 1.500 fr. par jour, et si vous vous représentez la somme formidable d'enjeux que cela indique, vous comprendrez aisément que cette cagnotte ne peut rendre davantage. En effet, comme il est prélevé par le tenancier autant de fois 10 fr. que les divers

banquiers posent de fois 100 fr. sur le tapis, il s'ensuit que 1.500 fr. représentant 150 fois 10 fr., quand
le tenancier a touché, en une nuit, ces 1.500 fr.,
c'est que, *pour le moins*, 150 fois 100 fr., c'est-à-
dire 15.000 fr. ont été risqués par la banque. Or.
15.000 fr. par jour donnent 450.000 fr. au bout du
mois, et 4.050.000 fr. pour une saison de neuf mois.

Mais cela n'est pas tout.

En effet, sur une taille complète, soit la mise en
exercice de 104 cartes, le tenancier ne touchera
plusieurs fois que s'il y a des suites, c'est-à-dire
si le banquier, abandonnant sa banque, un autre
banquier le remplace. Or, fréquemment, il arrive
qu'un banquier riche épuise la taille, auquel cas
quelques cent mille francs peuvent avoir passé sur
le tapis avec une mise en banque de cent louis,
sur laquelle mise en banque le tenancier se trouvera toujours n'avoir pris que 10 louis. Vous voyez
donc que si, en neuf mois, la cagnotte n'a rapporté
que 405.000 fr. à M. Tirelouis, cela ne signifie nullement que, sur le tapis du Crotting, il n'est passé
que 4.050.000 fr. Loin de là, 8.000.000 ont fort bien
pu défiler sans que M. Tirelouis ait touché un sou
de plus que 1.500 fr. par jour, ce qui, défalcation
faite des 25 o/o du caissier, ne lui donne que
1.083 fr. 75.

A ce moment la saison bat son plein, et M. Tirelouis, qui d'un bout de l'année à l'autre a 1.445 fr. 20 de frais par jour, au bas mot, perd donc tous les soirs 361 fr. 45, lesquels 361 fr. 45 se monteront, venue la morte-saison, à 1.145 fr. 20 de déficit journalier.

D'où il s'ensuit, une fois encore, que pour couvrir ses frais, gagner 50.000 fr. par an et passer la main quand il sentira venir la grille, c'est-à-dire l'instant où l'attention des joueurs sera éveillée, il *faut* que M. Tirelouis vole : — c. q. f. d.

Et c'est bien cette impossibilité de boucler le budget d'un Cercle ou d'un Casino avec bénéfice ou à égalité, qui fait des joueurs les victimes désignées du tenancier et de sa séquelle de demi-sels, grecs et combinards de tout poil.

En effet, on se l'est demandé souvent, pourquoi les joueurs ne s'organisent-il pas entre eux ? De simples domestiques rempliraient, tout aussi bien que le personnel du tenancier, l'office du croupier ou du changeur.

Pourquoi ? bonnes gens. Mais, tout simplement parce que, au bout de l'année, il y aurait, sans fêtes ni expositions de chevaux, 232.722 fr. 50 de déficit.

— La belle affaire ! répondez-vous, ces MM. sont trois cents, cela ferait pour chacun une cotisation de moins de 800 fr., et comme beaucoup auraient gagné au jeu...

Halte là ! le joueur n'entend pas de cette oreille. Il veut jouer, et, pour cela, ruinera de gaîcté de cœur sa famille, mais pour lui faire tirer 100 francs de sa poche autrement qu'au jeu, il faut la croix et la bannière. D'ailleurs, au bout de l'année, presque tout millionnaire en est aux expédients, la bohême des riches étant quelque chose d'inimaginable que, seuls, les usuriers, qui en vivent, connaissent et apprécient.

Du reste, la tentative a été faite.

Sur une plage du Nord, il y a quelques années, de riches industriels élevèrent un Casino qu'ils eurent la prétention de régir à leurs frais qu'ils s'imaginaient couvrir à l'aide des abonnements, décidés à ne jouer qu'entre eux. Au bout de la saison, cela va de soi, déficit qu'il faut couvrir. Alors se produisent les grincements de dents, les réclamations, jusqu'à ce qu'un de ces MM. propose d'affermer, pour la saison suivante, la totalité des jeux. On fait donc venir un homme de l'art qui demande communication des comptes, et n'a aucune peine, s'aidant de calculs mirifiques, à démontrer à ces MM. qu'ils n'entendent rien à la gérance d'un Casino. Qu'on lui confie les jeux, qu'on y laisse entrer librement le public aux conditions ordinaires, et non-seulement il ne demande rien pour sa peine, mais encore il offre, pour la location. une somme appréciable. Vous devinez la suite, n'est-ce pas ? Ces MM. se laissèrent tenter, et, depuis longtemps, les actions du Casino, qui étaient en baisse, se trouvent en hausse. Seulement, chaque année, venue la saison estivale, quelques-uns de ces MM. laissent aux petits chevaux et au baccara dix fois plus que ne leur aurait coûté la continuation de l'arrangement primitif, se disant, en manière de consolation, que cet argent qu'on leur vole, c'est le hasard (?) qui le leur fait perdre.

Or, pour un Cercle, la situation est la même, et, à vouloir y remédier, on tourne (ceci n'est pas un jeu de mots) dans un cercle vicieux.

En effet, que veulent tous ces gens qui s'associent sous des prétextes variés ? Ils veulent uniquement jouer, nous l'avons suffisamment démontré pour n'avoir plus à y revenir. Seulement, pour jouer ils préfèrent être volés de 10.000, 40.000 ou 50.000 fr. ou, au besoin, être ruinés, que de payer tous les ans une cotisation de 50 louis ; — chacun son goût, et il serait malséant, en la circonstance, de se montrer plus royaliste que le roi, et de s'indigner. Néanmoins, il demeure curieux que des gens que l'on pourrait croire rompus aux chiffres, proposent à un gérant une gérance impossible, et lèvent ensuite

les bras au ciel quand ils s'aperçoivent qu'on les
afloués.

Car ça n'est pas toujours, il s'en faut, le tenancier
qui fournit les fonds nécessaires à l'établissement
d'un Cercle. Non, le plus souvent, il s'agit d'une
société en commandite au capital de…, lequel capital doit être amorti par le produit de la cagnotte,
que gère le tenancier. Or, jamais, nous l'avons
établi, cette cagnotte ne couvre les frais. De là,
chez le tenancier, création d'un état psychologique
spécial. Cet homme se considère comme ayant
acquis une adjudication impossible à remplir autrement qu'en se livrant à la malfaçon, c'est-
à-dire en filoutant sur la fourniture, chose qui
lui paraît toute naturelle, le contrat qu'on lui propose étant malhonnête en son essence. Et comme
les joueurs (en dépit des dénégations furieuses
qu'ils opposent à ce raisonnement) se rendent
vaguement compte que la cagnotte, si elle
était prélevée honnêtement, ne pourrait suffire
aux frais du bien-être dont ils jouissent au
Cercle, on peut dire qu'il y a là une raison
morale, ou plutôt immorale, expliquant qu'ils
se contentent des explications que leur fournit le tenancier qui, lui, annonce, et c'est son
intérêt, plus de cagnotte qu'il n'y en a, et moins
de frais.

Maintenant, dira-t-on, combien le tenancier annonce-t-il de cagnotte ?

C'est bien simple, il annonce, avec un légerboni, la couverture des frais, car si, au bout de dix ans, l'amortissement se trouvait représenter le capital, les membres du Cercle, devenus seuls propriétaires, pourraient se débarrasser du tenancier.

En de pareilles conditions (il est à peine utile d'en faire la remarque) seul un ancien croupier, rompu à toutes les filouteries du baccara : unique ressource appréciable du tenancier, peut risquer 5oo.ooo fr. dans une opération d'apparence aussi aléatoire que l'établissement du Crotting.

— Mais, nous objectera-t-on encore, comment admettre que des joueurs appartenant généralement à un monde où la moyenne intellectuelle est assez élevée, puissent, des mois durant, être invariablement floués sans jamais s'en apercevoir ?

— Parce que, rispostons-nous, le jeu est assimilable à l'alcoolisme, destructeur de toute intelligence comme de tout sens moral. De plus, nous ne craignons pas d'affirmer que, sauf accident, les moyens employés (procédés uniquement mathématiques) sont impossibles à découvrir.

— Oh ! impossibles...

— Nous le démontrerons.

CHAPITRE III

Où le Crotting
justifie l'appellation de
Machine à voler

Il y a six semaines que le Crotting fonctionne à la satisfaction de tous. Grâce à quelques petits voyages de santé, entrepris par M. le baron et deux ou trois autres demi-sels, de cent cinquante au début, le nombre des membres s'est élevé progressivement jusqu'à trois cents. Les repas sont copieux et bien servis, les liquides de premier choix, les cigares s'affirment excellents. Aussi, d'humeur joyeuse, les membres du Comité, en attendant que l'on s'occupe de l'amélioration de la race chevaline, ont-ils entrepris de monter une Revue, écrite par un membre du Cercle, et où une divette en vogue, évoquant l'image gracieuse de Mme de Pompadour, fera revivre aux yeux les avantages de l'ancien régime, cependant qu'un comique de beuglant attestera les tares de la démocratie.

Or, à cet instant précis, M. Tirelouis, qui perd 361 fr. 75 par jour, calcule que son déficit s'élève, non compris les frais d'installation, à la somme déjà coquette de 27.108 fr. 75. Néanmoins, il a répondu à ces MM. du Comité que la fête serait des plus brillantes, et, sans doute afin d'être à même de tenir parole, songe à faire entrer au Crotting deux combinards de ses amis : MM. Lestampe et Lesbrouffe, hommes tout-à-fait susceptibles, de par les talents acquis, de comprendre les beautés d'une combine ou combinaison, et d'y prêter la main.

Et maintenant, à qui va s'adresser M. Tirelouis pour faciliter à MM. Lestampe et Lesbrouffe, combinards émérites, l'entrée au Crotting ?

A quelques demi-sels ?

Non pas! M. Tirelouis songe à quatre des membres les plus honorables du Crotting pour servir de parrains à MM. Lestampe et Lesbrouffe qui devront, la tête haute, affronter la grande salle des jeux. Pour cela, faisant valoir ses services (jusqu'à ce jour très réels), il présente MM. Lestampe et Lesbrouffe comme deux riches industriels venus de Belgique, et que des raisons financières appellent souvent à Paris où ils désireraient faire partie d'un Cercle. Or, le vicomte de L..., le banquier Z..., le capitaine ***, le rentier F... n'ont eu qu'à se louer jusqu'ici de l'attitude éminemment correcte de M. Tirelouis, et ne peuvent lui refuser une complaisance dont, plus tard, ils se mordront peut-être les doigts, quand l'un quelconque de leurs protégés, M. Lestampe ou M. Lesbrouffe, aura eu maille à partir avec la Correctionnelle.

En attendant, avec leurs parrains, MM. Lestampe et Lesbrouffe signent une feuille d'adhésion aux statuts du Crotting. Aussitôt, cette feuille est remise dans un dossier, au secrétariat, le Comité s'étant rassemblé la veille pour se prononcer sur ces nouvelles adhésions, rendues obligatoires de par les parrainages obtenus. On glisse la feuille parmi celles des gens précédemment admis, et MM. Lestampe et Lesbrouffe sont acceptés sur décision du Comité.

Voilà nos deux combinards dans la ratière où, en qualité de dogues, ils sont prêts à étrangler les rats que sont les joueurs.

Maintenant, de quelle manière, aidé par MM. Lestampe et Lesbrouffe, M. Tirelouis, tenancier du Crotting, va-t-il entamer les opérations ?

C'est bien simple.

Logiquement, ou plutôt régulièrement, MM. Lestampe et Lesbrouffe devraient, pour entrer dans la grande salle des jeux, attendre que huit jours se soient écoulés à dater de leur inscription. Mais, si sévères que soient les règlements du Crotting, il est tout de même avec eux quelques petits accommodements, et, pour arranger les choses, on antidate l'inscription des nouveaux membres.

Donc, sitôt les inscriptions faites, M. Tirelouis dit à son croupier :

— Rendez-vous chez moi, demain matin, à onze heures.

Et, à ce rendez-vous, bien entendu, sont également convoqués MM. Lestampe et Lesbrouffe, car, en dehors de leur présence, rien d'utile ne saurait être conclu.

L'ENTREVUE

Elle est courte, nette et décisive.

Chez M. Tirelouis, à onze heures tapant, venus chacun de son côté, se trouvent réunis le croupier, M. Lestampe et M. Lesbrouffe. Au besoin, Mme Tirelouis se trouvera présente, tant, dans l'esprit de tout le monde, il ne s'agit en somme que d'un travail, d'une combinaison nécessitée par les conditions mêmes de l'affaire.

A son croupier (1), M. Tirelouis dit simplement :

— Ces MM. sont dans la maison pour passer du fricot (2). Vous aurez soin, lorsque l'un ou l'autre se mettra en banque, de dire au changeur, au lieu de : « Cartes neuves ! » « Veuillez faire passer des cartes neuves. »

Et il ajoute cette phrase lapidaire :

(1) En réalité, nous le savons, il y a deux croupiers au Crotting, mais, par mesure de clarté, nous n'en supposerons qu'un, le nombre de croupiers ou de combinards ne changeant rien aux combinaisons, ce qui se passera sur un tapis se passant de même sur l'autre tapis.

(2) L'argent : fricot, gâteau ou galette, bon à manger.

— Vous connaissez votre métier... tâchez que cela se passe *correctement*.

C'est tout, le croupier salue Mme Tirelouis qui lui adresse son plus gracieux sourire... et il s'en va.

Ce fidèle serviteur une fois dans l'escalier, M. Tirelouis qui, de la caisse, ne garde sur lui que la clé du tiroir des jeux, remet à MM. Lestampe et Lesbrouffe un sizain : paquet formé de six jeux de cartes cachetés et entourés de la grande bande collée par le fabricant, ainsi que l'on peut s'en rendre compte en regardant ci-dessous : figure 5.

Fig. 5

Entre gens qui se comprennent et s'estiment à leur juste valeur, il n'est pas besoin de convenir davantage.

Donc, gratifiés également du gracieux sourire de Mme Tirelouis, MM. Lestampe et Lesbrouffe, n'ignorant rien de ce qu'on attend d'eux, se retirent l'un et l'autre, et, comme leur départ a été précédé de celui du croupier, il n'y a plus, à l'heure actuelle, aucun danger qu'un membre quelconque du Crotting, rencontrant les nouveaux adhérents, s'étonne et se scandalise de leurs relations avec un personnage qu'ils estiment peu recommandable. Car tout joueur en est là. Quand on lui parle des filouteries du baccara, il affirme que dans *son Cercle !* les choses se passent le plus honnêtement du monde, et, s'il rencontre le croupier de « son Cercle », il détourne les yeux pour ne pas être obligé de le reconnaître ; — on est logique ou on ne l'est pas.

LES CONSÉQUENCES DE L'ENTREVUE

Le soir même, au Crotting, après dîner.

En arrivant dans la grande salle des jeux, MM. Lestampe et Lesbrouffe passent à l'ordre, c'est-à-dire à la caisse, en ayant soin de choisir un moment où M. Tirelouis se trouve seul près de cette caisse, le caissier ayant été éloigné sous un prétexte quelconque.

A chacun des combinards, le tenancier remet deux ou trois billets de mille.

Les voilà lestés.

N'allez pas croire, néanmoins, que ce soit de l'argent du caissier que dispose M. Tirelouis. Non, l'argent qu'il a remis à MM. Lestampe et Lesbrouffe lui est personnel, et il l'a pris dans un compartiment du tiroir des jeux, dont il possède la clé. S'il ne le donne qu'à la dernière minute, c'est qu'il a peur qu'un excès de confiance de sa part ait comme résultat le départ précipité des combinards, trop vite lestés.

A ce propos, permettons-nous, sous forme d'historiette instructive, une courte digression.

Un jour, M. Tirelouis, ayant, pour une combinaison, engagé deux combinards, et devant remettre à chacun cent louis pour prendre la banque ou ponter au moment voulu, se trouvait, comme en l'occasion présente, près de la caisse, et tergiversait pour remettre les fonds.

Inpatienté, à demi-voix, un des combinards lui dit :

— Alors, vous n'avez pas confiance ?

— Mais si, mon cher, mais si, répond doucement M. Tirelouis, seulement, est-ce qu'on sait jamais ce qui peut arriver ? Supposez que le feu vienne à prendre. Je vous connais, vous tenez beaucoup à la vie. Vous seriez un des premiers à partir.

Et que l'on n'aille pas croire que nous inventons quoi que ce soit sous des noms de fantaisie, tous nos personnages existent ou ont existé. M. Tirelouis a dit la chose. Au besoin, nous en sommes convaincu, il la répéterait, car M. Tirelouis est un homme très prudent.

Là-dessus, revenons à MM. Lestampe et Lesbrouffe.

Il a été convenu, pour l'entrée en matière, que l'un d'eux prendrait la première banque au ha-

sard, jouant avec les deux premiers jeux de cartes venus, soit avec des jeux honnêtes.

C'est M. Lestampe qui se fait adjuger cette première banque pour 100 louis.

Le croupier prélève le 10 o/o, bat les cartes, les
présente à droite et à gauche, où elles sont ou
ne sont pas coupées, les passe à M. Lestampe qui,
lui, a grand soin de les rebattre un peu : histoire
d'inspirer confiance aux pontes.

A ce moment, M. Lesbrouffe s'écrie :

— Banco !

Ce qui revient à dire que, suivant son droit, il
tient à lui seul le montant de la banque.

A partir de cet instant, il devient l'ayant-main
des deux tableaux, personne autre que lui ne pouvant toucher aux cartes, et aucune mise autre que
la sienne ne pouvant être faite.

M. Lestampe distribue des cartes :

1° une à droite — une à gauche — une pour lui.
2° une à droite — une à gauche — une pour lui.

Et comme M. Lesbrouffe, étant banco, a seul le
droit de jouer, le croupier, à l'aide de sa palette,
lui passe les cartes des tableaux de droite et de
gauche.

Le résultat est le suivant :

M. Lesbrouffe a : tableau de droite 6 — tableau de gauche 4.

M. Lestampe a 7.

M. Lesbrouffe se tient à 6 pour le tableau de droite, et prend une carte pour le tableau de gauche.

Il a donc 6 à droite, et, comme il tire 3, son point de gauche est 7.

Quant à M. Lestampe, comme il a 7, il se trouve à égalité sur le tableau de gauche, et a gagné sur le tableau de droite. Toutefois, il se garde bien d'annoncer son jeu et tire une carte, laquelle carte, *quelle que soit sa valeur*, lui servira toujours à faire baccara ou zéro. Comme il y a là quelque chose de fictif, car, au lieu d'avoir zéro, il a peut-être 8 en réalité, M. Lestampe n'annonce pas plus la carte tirée qu'il n'a annoncé précédemment son jeu, et, tout en s'écriant :

— Baccarra !

Il simule un dépit violent, si violent qu'il en jette ses cartes dans le pot où s'engouffre à jamais le secret de la comédie qui vient d'être jouée.

Or, cette farce (impossible à deviner, car on ne soupçonne pas de fraude un homme qui s'avoue perdant) cette farce a un double but : 1º faire passer M. Lestampe pour un banquier malchanceux contre lequel ce sera pain bénit que de ponter ;

2° faire passer M. Lesbrouffe pour un joueur audacieux.

Néanmoins, on ne manquera pas de nous le faire
remarquer, il y a là une irrégularité, toute carte
tirée du talon devant être montrée. Oui, mais,
nous le répétons, qui s'avisera de soupçonner de
fraude un homme qui s'avoue perdant ?

Un accident peut encore survenir.

Par exemple les deux premières cartes donnent
9 à M. Lestampe. Il tire un as et annonce : un !
chose impossible puisque, ayant 8 ou 9, le banquier doit abattre, et comme, de plus, ayant annoncé, le banquier doit retourner son jeu, au
moment où M. Lestampe accomplit cette formalité (car il ne peut, chaque fois, s'en dispenser
en jetant ses cartes dans le pot) le croupier s'écrie :

— Mais, Monsieur, vous aviez neuf !

Alors, plein de confusion, M. Lestampe avoue
son erreur, disant :

— Comment, j'avais neuf ? !

— Mais oui, Monsieur, regardez plutôt.

— C'est ma foi vrai... je croyais avoir baccara.

Et, le dépit faisant place à la fureur, il empoigne les cartes et en froisse plusieurs, s'il ne les dé-
chire. Du coup ! il passe pour un imbécile, et, de
plus en plus, on pontera contre lui s'il se remet
en banque : — chose qui ne va pas tarder.

En effet, la banque étant remise aux enchères, M. Lestampe se la fait adjuger à nouveau : ce au grand contentement de tous les joueurs, enchantés de ponter contre un tel idiot.

La banque atteint 200 louis.

— Cartes neuves ! crie M. Lestampe qui emprunte à la caisse où, sur le conseil de M. Tirelouis, rien ne lui sera refusé, le tenancier ayant de bonnes raisons pour croire à la solvabilité prochaine du combinard.

— Changeur ? *veuillez passer des cartes neuves,* répète le croupier.

Or, cette formule polie, nous le savons, est un signal.

La formule énoncée, le changeur se précipite à la caisse où M. Tirelouis lui remet deux des jeux qu'il a, le matin même, confiés aux bons soins de MM. Lestampe et Lesbrouffe .Ces jeux, nos combinards les ont rapportés à M. Tirelouis qui les a remis à la caisse, dans le fameux tiroir dont lui seul possède la clé.

Le changeur une fois de retour, le caissier s'empare de la paire de jeux, les décachète (car, cela va de soi, ils sont toujours cachetés), les bat à la parisienne : c'est-à-dire, on le sait, de manière fictive, ayant soin de ne pas changer l'ordre où se trouvent les cartes, les offre à droite et à gauche, et finalement, suivant la règle, les passe à M. Lestampe qui, lui, demande à un ponte de bien vouloir couper.

Ensuite, M. Lestampe qui, au besoin, avant de faire couper les jeux, aura pu les rebattre (à la parisienne bien entendu), fait le talon, c'est-à-dire dispose à nouveau les cartes sur le marbre, comme il les y a disposées pour la première partie.

Les mises sont faites, puis prononcé le mot sacramentel :

— Rien ne va plus !

A partir de ce moment, on le devine, que la banque soit tenue par M. Lestampe ou que ce soit M. Lesbrouffe qui prenne la suite, le banquier gagnera toujours, et les pontes seront invariablement ramonés, ratissés, râclés, fusillés, dégraissés, plumés, flambés, en un mot détroussés. Par exemple, il faut toujours que ce soit un combinard qui tienne la banque, car si un banquier honnête prenait la suite ce serait un désastre, ce banquier devant, par la force même des choses, profiter à son insu de l'ordre imposé aux cartes : ce au détriment du tenancier.

La partie terminée, les pourboires remis au croupier et au changeur, il ne reste plus au tenancier et aux combinards qu'à se partager le gain : 10 o/o à M. Lestampe; 10 o/o à M. Lesbrouffe; 80 o/o à M. Tirelouis.

COMMENT S'ÉTABLIT
CE GENRE D'ESCROQUERIE

Le lecteur sait que MM. Lestampe et Lesbrouffe ont emporté de chez M. Tirelouis, tenancier du Crotting, six jeux cachetés et entourés de la grande bande, et que, dans la journée même, ils ont rapporté ces jeux à M. Tirelouis qui, au signal convenu, les a fait remettre au croupier par le changeur.

Or, si les combinards ont emporté ces jeux, on se doute que cela n'était pas pour se livrer aux douceurs de la réussite, mais plutôt à la pratique du maquillage, ce mot devant être compris uniquement dans ce sens que les cartes, retirées de chaque paquet, y sont ensuite replacées après avoir été rangées suivant un ordre convenu: lequel ordre assurera perpétuellement l'avantage au banquier, *si nombreuses qu'aient pu être les coupes, à condition que le battage soit fait à la parisienne.*

Il s'agit donc, comme on peut le voir, ou plutôt

comme nous le ferons voir, d'une chaîne sans fin portant le nom de séquence : sèche en terme de combinards. On peut encore dire, le mot barème signifiant : livre contenant des calculs tout faits, que la séquence est l'un de ces calculs, donc, par appropriation, un barème ou une partie de barème.

Avant d'en arriver au mécanisme des séquences, seule manière d'atteindre sérieusement les grecs (1), expliquons *à l'aide de quel procédé sans courir aucun risque de se faire prendre*, les combinards peuvent décacheter et recacheter un jeu de cartes.

Pour cela, nous agirons détail par détail. estimant que dire : Telle chose peut se faire, et ne pas expliquer comment, équivaut à ne rien dire du tout. Si, au contraire, grâce à une explication claire, le lecteur peut accomplir lui-même ce dont il lui a été parlé, nous estimons ce lecteur armé contre toute escroquerie semblable, parce que convaincu de la possibilité de son exécution.

Donc, pour établir des séquences, il faut sortir le sizain (ensemble de 6 jeux de cartes) de son enveloppe.

La petite bande portant le nom du fa-

---

(1) Dans son livre : *Les Filouteries du jeu,* A. Cavaillé, ex-inspecteur principal du service de surveillance des jeux clandestins (1875) parle bien, p. 43, des séquences, mais il n'en décrit aucune.

(97)

4

bricant (revoir la fig. 5) tenant reliés les deux
bouts de la grande bande coloriée qui sert d'enveloppe au sizain, il s'agit simplement, tenant d'une
main cette enveloppe, et, de l'autre, les paquets
qui la dépassent en haut et en bas, de faire sortir
par glissement les paquets de l'enveloppe.

Voici les jeux dehors.

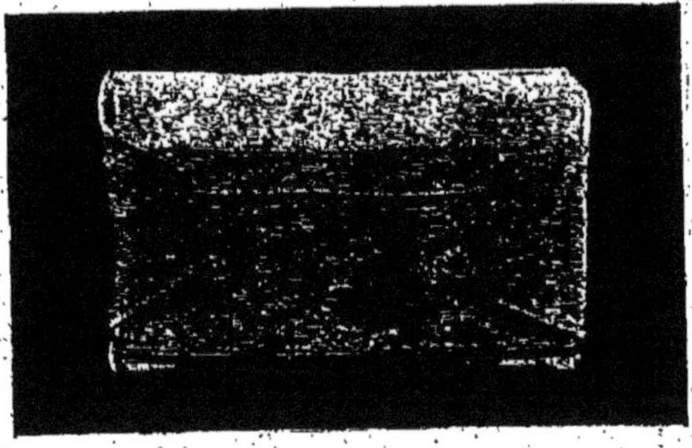

Fig. 6 A

Fig. 6 B.

Chacun de ces jeux, abstraction faite de la bande

de la Régie recouvrant chaque paquet, est simplement contenu dans une enveloppe pliée, et **non** collée, dont voici la représentation sur les deux faces ; — voir : fig. 6.

Mais, dira-t-on, il y a la bande de la Régie, et le timbre des Contributions, qui mord à la fois **sur** la bande et sur le paquet.

Examinons un peu cela ; — voir ci-dessous : fig. 7.

Fig. 7 A

Fig. 7 B

(99)

Et voilà tout.

D'une part (fig. 6) le fabricant fournit une enveloppe non collée, simple feuille de papier où il enferme la marchandise ; d'autre part, sur cette enveloppe le Gouvernement pose une bande que, par économie sans doute, il a grand soin de ne pas coller sur toute la longueur, mais simplement aux deux bouts, et, quand il a apposé son timbre, il pense avoir pris le maximum des précautions nécessaires pour empêcher la fraude.

Avouez que, pour un escroc, il y a là une singulière tentation.

Le combinard n'y résiste pas.

Il mouille donc, à la vapeur s'il a le temps, tout simplement à l'aide de sa salive si le temps lui manque, la bande de la Régie à l'une des extrémités (fig. 7 B)... et il attend quelques minutes. Or, comme (détail charmant) la colle employée n'est autre que de la colle de pâte, au bout de très peu de temps l'humidité a fait son œuvre, et bientôt le combinard n'a plus, ayant soulevé la bande à l'aide d'une lame de canif, qu'à tirer légèrement dessus pour qu'elle se détache du paquet qu'il déplie.

Paquet déplié, paquet ouvert, et une simple secousse suffit à faire sortir les cartes ; — voir fig. 8.

Fig. 8

Les cartes une fois dehors, il n'y a plus, si l'on veut établir la séquence 113 qu'à ranger deux paquets de cartes dans l'ordre suivant :

Séquence 113

705 — 902 — 604 — 136 — 080 — 126
908 — 709 — 704 — 902 — 504 — 803
208 — 113 — 553 — 400 — 0607

Ceci n'est que la moitié de la séquence 113, ainsi nommée parce que le coup étayé sur le n° 113 est perdant pour le banquier, et gagnant pour le tableau de gauche. Comme la seconde moitié de cette séquence est identiquement pareille à la première, il est inutile que nous répétions deux fois le même ordre de chiffres. Le baccara en banque se jouant avec deux jeux de 52 cartes, la séquence 113 se compose de 104 cartes, soit deux fois 52 cartes rangées dans le même ordre : celui que nous venons d'indiquer.

Voulez-vous constater par vous-même que les cartes, ainsi présentées, donnent toujours l'avantage au banquier ?

Rien de plus facile.

Prenez un jeu de 52 cartes, et, à plat sur votre table, posez un 7, *de manière à ce que l'envers de la carte repose sur la table et que l'image soit visible.* Sur ce 7 posez une carte représentant o (c'est-à-dire un 10 ou une figure : roi, reine, valet) et ainsi de suite en observant l'ordre de la séquence.

Quand vous aurez terminé, prenez le jeu et retournez-le, figures contre table. Coupez tant qu'il vous plaira *(cela n'a aucune importance)* et, après avoir posé les cartes contre un porte-allumettes par exemple, ce qui leur donnera l'inclinaison que leur imprimerait le marbre, amusez-vous à tailler comme le ferait le banquier au Cercle :

1° : une à droite — une à gauche — une pour vous.

2° : une à droite — une à gauche — une pour vous.

Sur l'ensemble des parties vous les aurez toutes gagnées *(moins une pour 52 cartes, moins deux pour 104)* soit sur l'un des tableaux, soit sur les deux tableaux, et ce sans abattre une seule fois, c'est-à-dire sans jamais avoir 8 ou 9. Or, c'est là, pour les professionnels, que réside la beauté du *travail*, car un homme qui abat trop souvent excite la méfiance.

OBSERVATION : Gardez-vous de battre les cartes, car, étant honnête et ne connaissant pas le battage à la parisienne, vous gâteriez tout. De plus, ayez soin de toujours tirer à 5 comme banquier, c'est-à-dire, *chaque fois que vous aurez 5*, de vous adjuger une troisième carte, ainsi que la règle vous permet de le faire, le tirage à 5 étant facultatif. Vous remarquerez, en outre, que ce chiffre de 5 n'est jamais atteint par aucun des pontes avec ses deux cartes, de sorte qu'à eux il est impossible de tirer à 5.

Vous connaissez maintenant la nature du maquillage opéré par MM. Lestampe et Lesbrouffe pour établir une séquence.

Reste à expliquer le recachetage des paquets, ce qui est enfantin.

Mais, auparavant, un détail :

Sur chaque paquet de cartes se trouve pratiquée une encoche ronde que l'acheteur peut relever, car la bande de la Régie ne recouvre que l'autre face du paquet.

Relevée, cette encoche laisse apercevoir le timbre de l'Etat, portant inscrit : République Française ; Décret du 12 avril 1890 ; — regarder ci-dessous : fig. 9.

Fig 9.

C'est la carte figurant l'as de trèfle qui, au-dessous de l'as, porte imprimé ce timbre.

Avant de regarnir le paquet, le combinard coupe donc le jeu formant séquence de manière à ce que le timbre soit visible, et cela n'a aucune importance puisque, nous l'avons expliqué, couper dans une séquence ne lui enlève rien de sa valeur.

Ceci fait, après avoir introduit à nouveau les cartes dans le paquet qu'il replie, il rabat sur le tout la bande de la Régie, laquelle bande il recolle à l'aide d'un peu de colle à bouche, plus solidement, il y a tout lieu de le supposer, qu'elle n'était collée auparavant.

Les six paquets ainsi recachetés (opération que maintenant vous êtes à même d'accomplir si bon vous semble) il les refourre dans la grande bande coloriée : cinq d'abord et le sixième au milieu, afin de ne pas faire éclater l'enveloppe du sizain ; — voir ci-dessous : fig. 10.

Fig. 10

Et là-dessus le tour est joué, car les combinards ne remettant au tenancier que des jeux neufs, sans macule révélatrice ; et, grâce à la bande de la Régie, soigneusement recollée, les joueurs seront dévalisés avec garantie de l'Etat, ce qui, de toutes les façons d'être dévalisé, est évidemment la plus élégante.

(105)

AUTRES SÉQUENCES

Il coule de source qu'il n'y a pas que la séquence 113, sans quoi, au Crotting, l'existence deviendrait monotone.

Voici deux autres des barêmes que MM. Lestampe et Lesbrouffe préparent avec ce souci du travail bien fait qui est la caractéristique de leur association.

Séquence 234

Ainsi appelée parce qu'elle commence par le nombre 234

234 — 100 — 006 — 573 — 850 — 201
440 — 370 — 890 — 277 — 060 — 413
055 — 090 — 016 — 608 — 929 — 800
002 — 314 — 354 — 780 — 110 — 057
332 — 589 — 700 — 000 — 674 — 598
926 — 821 — 604 — 006 — 90

Ici, vous le voyez, il s'agit de deux jeux réunis, c'est-à-dire qu'après avoir décacheté deux paquets de cartes, le combinard, à l'aide des 104 cartes de ces deux paquets, a monté non une séquence en deux parties identiques, mais une séquence offrant, d'un bout à l'autre de la taille, une série de coups différents ; non deux combinaisons pareilles de 52 cartes chacune, mais une seule combinaison de 104 cartes.

Dans la séquence 113, au contraire, il y avait deux fois de suite la même combinaison, ce qui fait que si, sans couper, au lieu de réunir les 104 cartes des deux jeux au talon, vous aviez joué deux fois, en employant chaque fois un jeu de 52 cartes, vous auriez eu, les deux fois, une suite de coups identiquement pareils, et que les deux jeux, étalés, figures découvertes, sur une table, et comparés, auraient présenté à l'œil la même suite de points. Avec la séquence 234, rien de semblable ne se produit, et, si vous étalez sur une table les deux jeux de 52 cartes, vous vous apercevez que la suite des points n'est pas la même pour le premier jeu que pour le second.

Séquence 101

Ainsi nommée parce qu'elle commence par le nombre 101.

101 — 000 — 002 — 343 — 334 — 870
705 — 470 — 040 — 602 — 570 — 250
580 — 690 — 686 — 929 — 119 — 834
000 — 607 — 705 — 902 — 604 — 136
080 — 126 — 908 — 709 — 704 — 902
504 — 803 — 208 — 113 — 55

Cette séquence qui, comme la précédente, porte sur 104 cartes, est une combinaison du barême 113 et d'une troisième séquence, car il en existe un nombre considérable, dont l'exposition surchargerait inutilement ce volume.

La seule chose qui importe véritablement, nous y revenons, c'est que le joueur honnête soit convaincu de la réalité de ce genre d'escroquerie. Pour cela, nous le mettons à même de vérifier nos dires en refaisant le problème. Qu'il ait donc, ce joueur, la patience d'apprendre par cœur quelques-unes des séquences que nous donnons en exemple (la chose, somme toute, n'a rien de particulièrement difficultueux pour un homme quelque peu apte à s'assimiler des chiffres), et le voilà armé contre toute une série de fraudes.

Quant au pourquoi de ces arrangements divers, il doit sauter aux yeux. En effet, dans la séquence 113, où le banquier doit toujours tirer à 5, chaque fois qu'il procède à ce tirage il amène 4, ce qui lui donne 9. Or, supposons que ce banquier soit toujours M. Lestampe. Il a épuisé la taille sur le barême 113, et se remet en banque. Si, chaque fois qu'il tire à 5, il amène encore 9, les ayant-main de droite et de gauche auront vite fait de reconnaître la supercherie.

Il faut donc, pour entamer une seconde taille,

que M. Lestampe change de barême, autrement, pincé, il deviendrait *marron* : expression élégante empruntée au vocabulaire des escrocs de Cercles, et qui signifie que l'homme découvert en flagrant délit de combine, rendu exsangue par les veilles, de blanc devient jaune, aucune émotion n'étant susceptible de le faire rougir.

Pour éviter ce désastre, les combinards ont soin de recourir, pour ou contre la banque, à tout un jeu de séquences où les combinaisons varient. Ainsi, dans la séquence 101, quand le banquier tire à 5, au lieu de gagner avec 9 il gagne avec 7, 8 ou même 1, les pontes, dans ce dernier cas, ayant baccara. Dans le barême 234 on rencontre quantité de coups où les pontes, ainsi que le banquier, n'ont pas un point auquel se tenir : c'est-à-dire 5 au minimum. Ce sont ces différences, savamment calculées, qui établissent l'honnêteté apparente des tailles.

De tout ce qui précède, on peut conclure qu'à l'aide des six jeux que leur a remis M. Tirelouis, MM. Lestampe et Lesbrouffe se sont trouvés à même d'établir trois tailles, les deux jeux de la première taille (barême 113) établis sur la répétition du même arrangement, et les quatre jeux de la seconde et de la troisième tailles (barêmes ou séquences 234 et 101) ne représentant à eux quatre que deux combinaisons de 104 cartes chacune.

LA SÉQUENCE PANACHÉE

Il nous faut indiquer, maintenant, une pratique à laquelle doivent avoir recours, dans les séquences pour la banque, le croupier et les combinards, lesquels, ne l'oublions pas, sont d'accord, les pourboires du croupier devenant plus considérables quand il y a séquence (afin d'éviter qu'il mange le morceau), et les combinards ne pouvant agir sans le croupier qui bat si artistement les cartes.

Il existe des joueurs superstitieux qui n'aiment pas qu'une taille soit composée de 104 cartes de même couleur (*nous parlons de la couleur du dos des cartes*) estimant que, soit le rose par exemple, ou le bleu, leur porte la guigne, car, le plus souvent, toute la finesse des joueurs s'arrête à ceci : accuser le sort.

Ces joueurs-là, au moment d'entamer une partie, demandent donc :

— Jeux panachés.

Il faut alors que le croupier se serve d'un jeu de

cartes à dos bleus et d'un jeu de cartes à dos roses, puisque ce sont ces couleurs que nous avons choisies pour exemple.

Va-t-il battre à la parisienne, c'est-à-dire, les cartes étant maquillées, sans changer l'ordre établi par MM. Lestampe et Lesbrouffe ?

Il y a là impossibilité absolue, ainsi que le démontre la figure 11, visible ci-dessous.

Fig. 11

Sur cette figure, représentation du talon accolé au marbre, nous voyons, en effet, que le talon se subdivise en trois sections : une bleue, une rose, une bleue.

Disposition impossible à éviter, car, le changeur ayant passé au croupier un jeu bleu et un jeu rose, si, après coupé, le croupier a battu à la parisienne, il a encadré (fig. 11) un des jeux entre deux portions de l'autre. Si, au contraire, il n'y a pas eu coupe, le talon, après battage à la parisienne, présentera deux sections égales : une bleue et une rose ou une rose et une bleue, formées chacune par l'un des jeux. Vous concevez donc que, dans l'un comme dans l'autre cas, le tour devient visible, le côté factice de la batte à la parisienne se trouvant divulgué.

Pour obvier à cet inconvénient, qui aurait pour effet immédiat l'abandon du Crotting par les joueurs brusquement résolus à se faire voler autre part, MM. Lestampe et Lesbrouffe, ayant à préparer la séquence 234 par exemple, s'y prendront de la manière suivante :

Après avoir décacheté un jeu bleu et un jeu rose, et avoir étendu les 104 cartes sur une table, ils les disposeront ainsi :

CÔTÉ GAUCHE   CÔTÉ DROIT

Cartes bleues, dos contre   *Cartes roses, dos visi-*
table et figures décou-   *bles et figures re-*
vertes.   *tournées.*

Aller de droite à gauche en
posant alternativement une
carte de chaque côté : o à
droite — 9 à gauche ; 6 à
droite. — o à gauche... etc.

(113)

G.	D.
9 — o — 4	o — 6 — o
6 — 2 — 6	o — 1 — 8
5 — 9 — 4	2 — 8 — 5
6 — o — o	7 — o — o
7 — 8 — 2	o — 9 — 5
3 — 5 — o	3 — 7 — o
1 — 8 — 4	1 — o — 7
3 — 1 — 2	5 — 4 — 3
o — o — 9	o — o — 8
9 — o — 6	2 — 8 — 6
o — 9 — 5	1 — o — o
o — 1 — o	5 — 3 — 4
o — 7 — o	6 — 7 — 2
8 — 7 — o	9 — o — 3
4 — o — o	4 — 1 — 2
8 — 7 — 6	5 — 3 — 5
o — o — 4	o — o — 1
2	3

Avec cet arrangement, il est indispensable d'en faire la remarque, il se trouverait, parmi les cartes bleues, quatre cartes roses : un 9 ; un 6 ; une bûche (figure ou 10) ; et un 4. Parmi les roses il se trouverait quatre cartes bleue : un 3 ; un as ; un 3 ; un 5. Mais il n'y a rien là qui puisse arrêter MM. Lestampe et Lesbrouffe, M. Tirelouis qui depuis un certain temps se sert d'eux, ayant mis à leur disposition un nombre de jeux de cartes suffisant pour subvenir à toute combinaison. De ces jeux, nos combinards extraient les huit cartes nécessaires... et la farce est jouée. Donc, quand, d'un geste semi-circulaire, le croupier étalera sur le tapis *(figures cachées)* les deux jeux, ils se composeront chacun de 52 cartes à dos de même couleur.

— Très bien ! direz-vous, mais alors ils ne sont plus dans l'ordre exigé par la séquence 234.

— Attendez ! on va les y remettre.

Pour cela, transportons-nous à nouveau dans la grande salle des jeux du Crotting.

La banque, mise aux enchères, est adjugée à M. Lestampe, et un joueur superstitieux exige que la taille soit panachée.

— Jeux panachés ! obtempère aussitôt le croupier.

Immédiatement, le changeur se précipite à la caisse d'où il rapporte au croupier le jeu rose et le jeu bleu, maquillés comme nous venons de le dire.

Pour le croupier, le problème consiste donc à battre les 104 cartes de manière à ce qu'elles forment à nouveau la séquence 234.

Or, il existe une manière, réputée honnête entre toute, de battre les cartes.

Cette manière consiste ; — voir ci-dessous :
fig. 12.

Fig. 12

ayant les 104 cartes des deux jeux dans la main
gauche, à prendre, d'un même mouvement, la
carte supérieure et la carte inférieure : c'est-à-dire
la 1re et la 104e, et à les poser sur le tapis, quitte
à recommencer ; voir ci-dessous : fig. 13.

Fig. 13

jusqu'à épuisement.

(116)

Souvenons-nous, à présent, que MM. Lestampe et Lesbrouffe ont divisé la séquence : cartes bleues, dos contre table et figures découvertes ; cartes roses, dos visibles et figures retournées, ce qui revient à dire que, ce travail terminé, la première carte (figure visible) du jeu de gauche est 2, et la première carte (figure invisible) du jeu de droite est 3.

Naturellement, prévenu de la chose, pour battre, le croupier, retournant le jeu bleu (celui de gauche dans l'arrangement) le pose sur le jeu rose (celui de droite dans l'arrangement) de telle sorte que le 2 du jeu bleu vienne s'appliquer sur le 3 du jeu rose.

Ceci fait, battant de la façon indiquée dans les figures 12 et 13, le croupier amène successivement :

o rouge ; 9 bleue — 6 rouge ; o bleue

o rouge ; 4 bleue — o rouge ; 6 bleue

1 rouge ; 2 bleue — 8 rouge ; 6 bleue

2 rouge ; 5 bleue — 8 rouge ; 9 bleue

5 rouge ; 4 bleue — 7 rouge ; 6 bleue

o rouge ; o bleue — o rouge ; o bleue

o rouge ; 7 bleue — 9 rouge ; 8 bleue

5 rouge ; 2 bleue — 3 rouge ; 3 bleue

7 rouge ; 5 bleue — o rouge ; o bleue

1 rouge ; 1 bleue — 0 rouge ; 8 bleue
7 rouge ; 4 bleue — 5 rouge ; 3 bleue
4 rouge ; 1 bleue — 3 rouge ; 2 bleue
0 rouge ; 0 bleue — 0 rouge ; 0 bleue
8 rouge ; 9 bleue — 2 rouge ; 9 bleue
8 rouge ; 0 bleue — 6 rouge ; 6 bleue
1 rouge ; 0 bleue — 0 rouge ; 9 bleue
0 rouge ; 5 bleue — 5 rouge ; 0 bleue
3 rouge ; 1 bleue — 4 rouge ; 0 bleue
6 rouge ; 0 bleue — 7 rouge ; 7 bleue
2 rouge ; 0 bleue — 9 rouge ; 8 bleue
0 rouge ; 7 bleue — 3 rouge ; 0 bleue
4 rouge ; 4 bleue — 1 rouge ; 0 bleue
2 rouge ; 0 bleue — 5 rouge ; 8 bleue
3 rouge ; 7 bleue — 5 rouge ; 6 bleue
0 rouge ; 0 bleue — 0 rouge ; 0 bleue
1 rouge ; 4 bleue — 3 rouge ; 2 bleue

Ainsi battues, les cartes, alternant du bleu au rose, sont passées au banquier par le croupier. Le banquier fait couper (ce qui, nous le répétons, n'enlève rien de sa valeur à la séquence) pose les cartes sur le marbre, et taille, amenant :

1° 2 à droite — 3 à gauche — 4 pour lui.
2° 1 à droite — 0 à gauche — 0 pour lui... etc.

Le barême 234 a été reconstitué sous les yeux

des pontes qui n'y ont vu que du feu, et, à nouveau, les poires sont dévalisées, à la vérité suivant un ordre autre que : 2 à droite ; 3 à gauche ; 4 pour le banquier, qui est la reconstitution idéale du barême 234, *supposé non coupé*, mais, comme cette coupe n'altère pas la séquence, ainsi que le lecteur peut s'en rendre compte en taillant lui-même, *après coupe*, dans le barême 234, on nous pardonnera cette licence.

LES SÉQUENCES CONTRE LA BANQUE

Jusqu'ici nous avons supposé que c'étaient les combinards, MM. Lestampe et Lesbrouffe, qui, tour à tour, opéraient en qualité de banquiers. Or, voilà, on le sent bien, qui ne saurait durer qu'un temps, car, les voyant gagner toujours, les pontes, ou bien soupçonneraient de tricherie MM. Lestampe et Lesbrouffe, ou bien se diraient : « Ils sont vernis ! » c'est-à-dire outrageusement cocus ou chançards.

Conscients de cela, MM. Lestampe et Lesbrouffe varient leurs tours, sachant tout aussi bien corriger le hasard en qualité de pontes qu'en qualité de banquiers.

Concurremment avec les barêmes pour la banque, ils exploitent donc un certain nombre de barêmes contre la banque, barêmes dont nous allons fournir trois exemples, prévenant le lecteur que, pour reconstituer de pareilles séquences, il faut procéder comme pour celle portant le nᵒ 113, c'est-à-dire établir deux barêmes semblables de 52 cartes chacun, que l'on réunit ensuite, que l'on coupe, et que l'on place au marbre. Quant au battage, il est bien entendu que le croupier pratique plus que jamais la batte à la parisienne, et que le banquier, honnête cette fois, obéit à la coutume ridicule de ne point rebattre les cartes déjà battues par le croupier, se contentant de faire couper les jeux par l'ayant-main de droite ou de gauche.

Séquence 510

Cette séquence, dite à la couleur, s'établit en tenant compte de trois couleurs différentes : cœurs rouges, carreaux de deux couleurs, et les noires.

5 de cœur	— 1 de pique	— o de cœur
o de pique	— 3 de carreau	— 4 de pique
1 de cœur	— 4 de cœur	— o de pique
6 de carreau	— 6 de cœur	— 8 de carreau
5 de pique	— 6 de pique	— o de cœur
6 de pique	— 9 de cœur	— o de pique
9 de pique	— 3 de pique	— 3 de cœur
4 de pique	— o de pique	— o de carreau
2 de pique	— 7 de carreau	— 3 de pique
9 de carreau	— 7 de cœur	— 8 de pique
o de carreau	— o de pique	— o de cœur
2 de pique	— 1 de carreau	— 7 de pique
o de pique	— o de carreau	— 4 de carreau
7 de pique	— 2 de cœur	— 2 de carreau
5 de carreau	— 8 de pique	— 5 de pique
1 de pique	— 8 de cœur	— o de carreau
o de cœur	— o de pique	— 9 de pique
o de pique.		

LA MACHINE A VOLER

Clé de cette Séquence

Chaque fois qu'au tirage la dernière carte annoncée par le banquier sera une noire, MM. Lestampe et Lesbrouffe savent que le coup suivant est gagné par le banquier ; ils ont donc grand soin de modérer leurs mises. Si, au contraire, lors du tirage, la dernière carte retournée par le banquier est un cœur, MM. Lestampe et Lesbrouffe savent que c'est le tableau de droite qui gagnera le coup suivant ; comme ils occupent chacun un tableau, si M. Lestampe est à droite et M. Lesbrouffe à gauche, M. Lestampe pontera cher à droite, et M. Lesbrouffe très peu à gauche. Si maintenant, toujours lors du tirage, la dernière carte retournée par le banquier est un carreau, c'est le tableau de gauche qui gagnera, ce qui revient à dire que c'est au tour de M. Lestampe à ne ponter que fort peu, et à celui de M. Lesbrouffe à ponter gros.

Donc, à l'aide de la séquence 510, bien que le banquier gagne très souvent l'un ou l'autre tableau, parfois les deux, MM. Lestampe et Lesbrouffe n'en ramassent pas moins l'argent de tous les autres pontes par l'intermédiaire du banquier qui, tout en étant honnête homme, participe à une escroquerie involontaire qui lui rapportera même un petit bénéfice sur sa banque.

Ce genre de barêmes, que les escrocs des salles de jeux appellent des barêmes poisons *(passer du poison)* présente la même multiplicité que le genre des barêmes établis en faveur du banquier, lesquels, on l'a vu, exigent un combinard à la banque.

En effet, si un banquier s'apercevait qu'il perd chaque fois qu'il retourne une carte d'une certaine couleur, il se méfierait, le coup serait grillé (éventé), et, dès lors, une suspicion existant, le Cercle perdrait ses membres.

Ceci dit, voulant rendre aux joueurs le même service relativement aux séquences contre la banque que relativement aux séquences pour la banque, après avoir présenté la séquence 510, nous allons en présenter deux autres, établies sur le même principe, mais d'une complication plus grande.

Séquence 9

```
o noire  —  9 noire  —  2 rouge
o noire  —  1 noire  —  4 rouge
2 noire  —  6 rouge  —  7 rouge
o rouge  —  o rouge  —  4 rouge
6 noire  —  7 noire  —  8 rouge
o rouge  —  o noire  —  6 rouge
7 noire  —  5 rouge  —  o noire
3 rouge  —  1 noire  —  7 rouge
```

9 rouge — 2 noire — o rouge
8 noire — 4 noire — 1 rouge
3 rouge — 2 rouge — 3 noire
8 rouge — 4 noire — o noire
8 noire — 3 noire — 5 noire
9 rouge — o noire — o rouge
5 rouge — o noire — o noire
1 rouge — 6 noire — o rouge
o rouge — 9 noire — o rouge
5 noire

Clé de cette Séquence

La dernière carte retournée indique le tableau gagnant ou la banque gagnante. Si c'est une rouge qui est retournée dernière, c'est le tableau de droite qui gagne le coup suivant. Si c'est une noire qui est retournée dernière, c'est le tableau de gauche qui gagne le coup suivant. Si c'est un 6 ou un 7 *(sans distinction de couleur rouge ou noire)* qui est retourné, c'est la banque qui gagne.

MM. Lestampe et Lesbrouffe n'ont donc qu'à se servir de ces indications pour ponter gros ou petitjeu, soit à droite soit à gauche, ou pour s'abstenir.

Séquence 118

Cette séquence, qui correspond à l'arrangement

du jeu de cartes livré par le fabricant, s'établit en tenant compte non seulement de la couleur, mais de la figure.

1 de cœur	— 1 de pique	— 8 de cœur
8 de pique	— dame de cœur	— dame de pique
9 de cœur	— 9 de pique	— roi de cœur
roi de pique	— 8 de carreau	— 8 de trèfle
dame de carreau	— dame de trèfle	— 9 de carreau
9 de trèfle	— roi de carreau	— roi de trèfle
7 de cœur	— 7 de pique	— 10 de cœur
10 de pique	— valet de cœur	— valet de pique
7 de carreau	— 7 de trèfle	— 10 de carreau
10 de trèfle	— 2 de cœur	— 2 de pique
3 de cœur	— 3 de pique	— 4 de cœur
4 de pique	— 5 de cœur	— 5 de pique
6 de cœur	— 6 de pique	— 2 de carreau
2 de trèfle	— 3 de carreau	— 3 de trèfle
4 de carreau	— 4 de trèfle	— 5 de carreau
5 de trèfle	— 6 de carreau	— 6 de trèfle
1 de carreau	— valet de carreau	— valet de trèfle
1 de trèfle		

Clé de cette Séquence

Ier Coup : les deux tableaux abattent par 9.

IIe Coup : le tableau de droite gagne.

IIIe Coup : perte à gauche, égalité avec la banque à droite.

IVe Coup : perte à droite, égalité avec la banque à gauche.

Ve Coup : perdu pour la banque aux deux tableaux.

VIe Coup : c'est la banque qui abat.

VIIe Coup : ce sont les deux tableaux qui abattent.

Toutefois, comme, fatalement, il y a eu coupe, si cette coupe n'est pas faite par le croupier, l'as de cœur n'apparaissant plus en premier, la clé est la suivante : chaque fois qu'une carte (*sans distinction de couleur*) retournée en dernier, sera d'un chiffre pair, la banque doit gagner le coup suivant ; — si, au contraire (*toujours sans distinction de couleur*) la dernière carte retournée accuse un chiffre impair, le coup suivant sera gagné par les deux tableaux. Quant aux figures, les valets de couleur noire, s'ils sont retournés en dernier, indiquent gain pour les deux tableaux, tandis que les valets de couleur rouge, toujours s'ils sont retournés en dernier, indiquent gain pour la banque. La dame de carreau et la dame de cœur, retournées en dernier, font gagner les deux tableaux; le roi de carreau fait perdre le premier tableau et indique égalité avec la banque pour le second ; le roi de pique abat en banque ; le roi de trèfle ne fait rien.

OBSERVATION

Il va sans dire que les séquences contre la banque, tout comme celles pour la banque, peuvent être montées à l'aide de jeux panachés et reconstituées, à l'aide du battage, par le croupier. Pour s'en rendre compte, procéder pour les barêmes 510, 9 et 118 comme on a déjà fait pour le barême 234 quand il s'est agi de le transformer en séquence panachée.

OU L'ON ESQUISSE UNE RÉPONSE A UNE NOUVELLE OBJECTION

Maintenant vous connaissez, pour ce qui est du baccara taille au marbre, le mécanisme des séquences pour et contre la banque. Si vous avez prêté une attention soutenue à nos explications, fatalement longues et minutieuses, vous devez saisir en quoi, suivant notre affirmation, le jeu, ainsi pratiqué, est assimilable à l'alcoolisme : destructeur de toute intelligence comme de tout sens moral.

En effet, mettez-vous à la place de ce joueur perpétuellement floué, charrié de la séquence 113 au barême 234, du barême 510 à la séquence 9, volé quand il demande des jeux panachés, volé quand il ponte, volé quand il tient la banque.

De quelle manière se défendra-t-il ?

Va-t-il s'apercevoir qu'un certain coup, un certain tirage amène toujours un certain résultat ?

Il faudrait, pour cela, qu'on se serve toujours de séquences pareilles, et, de par sa nature, la séquence vous l'avez vu, est transformable à l'infini, à tel point que, sur l'ordre imposé à tout jeu de cartes par les fabricants, on a échafaudé le barême 118. De plus, on ne volera pas tous les jours ni, s'il y a deux tapis, sur les deux tapis à la fois. On peut varier, s'arrêter, voler simultanément, successivement, s'arrêter à nouveau, repartir, donner au joueur l'illusion qu'il se rattrape, le plonger à nouveau dans le désespoir, sur une partie honnête, alternant avec une partie frauduleuse, lui laisser croire à un retour de chance, et le dévaliser ensuite avec d'autant plus de facilité qu'escomptant la revanche, il sera redevenu plus audacieux.

Alors se produit ce qui, fatalement, doit se produire en de pareilles circonstances. Le joueur devient un maniaque relevant de Sainte-Anne, accusant des tares physiologiques, se disant qu'il gagnera si la troisième personne qui entre a un chapeau melon, qu'il perdra si elle a un chapeau haut de forme, comptant, alors qu'il se rend au Cercle, les voitures qui passent, calculant le nombre des omnibus, des fiacres, des automobiles, et extrayant de tout cela des moyennes sur quoi il échafaude des espérances. Au café, il assomme ses partenaires, narrant sa déveine persistante, se livrant à des calculs fantastiques, et le demi-sel, le combinard, le grec qui l'écoutent, reconnaissent au passage le barême employé la veille, et, à son insu, échangent à ce sujet des coups d'œil narquois.

Mais il y a plus désastreux encore.

A la longue, le joueur perd le sentiment de la dignité personnelle, épuise son crédit à la caisse, mange et boit sans payer, emprunte au tenancier qu'il méprise, au croupier qu'il méprise, au changeur, et tous ces gens ne lui prêtent qu'afin d'être plus sûrs de le râcler jusqu'à l'os, et parce qu'ils savent qu'il possède des propriétés qu'il hypothèquera, des titres qu'il vendra, qu'il a une femme dont il dévore la dot, des amis qu'il pressure, des parents que l'orgueil du nom portera à lui venir en aide. Or, tout cela n'a qu'un temps, et, à la fin, se produit l'échéance inéluctable. Il faut ou régler, ou se laisser afficher, ou peut-être... devenir demi-sel. Arrivé là, le malheureux n'a plus qu'à choisir entre deux choses : ou contresigner à tout jamais son irrémédiable déchéance, ou s'administrer le coup de révolver libérateur. En attendant, ça n'est déjà plus qu'un fantôme, une apparence, une figure d'être. Et, selon vous, c'est ce maniaque, ce névrosé qu'on trimballe en voiture du Cercle à sa chambre, et de sa chambre au Cercle, qui comprendrait comment et pourquoi on le vole ? qui débrouillerait, chiffre à chiffre, les complications frauduleuses d'une séquence panachée ? Allons donc ! vous voulez rire.

Mais on va nous accuser, une fois encore, d'exagération, prétendre que nous poussons les choses au noir, qu'il n'y a pas au Cercle que les joueurs dont nous parlons, qu'il y a également le joueur pondéré, subtil, méfiant, l'homme, pour employer une expression vulgaire, *à qui on ne la fait pas*.

Et bien soit ! discutons avec cet homme.

Il existe, s'appelle M. Lafouine, est riche, banquier, rompu aux chiffres, et la fréquentation obligatoire de quelques comptables plus ou moins honnêtes lui a appris que ces mêmes chiffres se prêtaient malencontreusement à des combinaisons fâcheuses. Au collège, il a eu le prix de mathématiques spéciales au concours général, et renifle devant une séquence. De plus, il ne joue que sagement, juste ce qu'il faut pour ne pas être accusé d'avarice, ayant la raison de quitter le tapis vert quand il sent que la veine lui fait obstinément défaut. Aussi, ayant lu notre travail sur les séquences, la première objection qu'il nous fait est-elle :

— Eh bien, *moi*, Monsieur, je ne donnerai jamais dans un traquenard de ce genre.

— Croyez-vous ?

— J'en suis sûr.

— Parce que ?

— Parce que je bats les cartes.

Et, fin comme l'ambre, M. Lafouine explique qu'ayant été mordu plus souvent qu'à son tour, autrefois, quand il était naïf, il en est arrivé à se moquer du tiers et du quart, et qu'à présent, quand il prend la banque et que le croupier lui passe les cartes, il ne se fait aucun scrupule de les tricoter ou battre en ciseaux.

On connaît la manière.

Elle consiste, le paquet de cartes étant divisé par la coupe en deux portions à peu près égales que l'on pose, à même le tapis, en face l'une de l'autre, à enchevêtrer ces deux portions plusieurs fois de suite. De la sorte, pas de supercherie possible, les cartes sont mélangées, bien mélangées, et toute séquence se trouve démolie.

— Monsieur Lafouine, vous êtes très malin, mais on vous ratissera quand même. N'allez pas, au moins, vous offenser de ce que j'affirme là, mais on vous ratissera quoique malin, et cela parce que, étant honnête, il y a fatalement un certain genre de malice que vous ignorerez toujours... ce dont je vous félicite, d'ailleurs.

— Voyez-vous ça !

— C'est vous, Monsieur, qui allez voir. Seulement, comme, à la vérité, vous n'êtes pas un naïf, il vous sera fait un traitement de faveur.

— Quel traitement ?

— Patience ! vous le connaîtrez. Supposons, la chose n'a rien d'extraordinaire, que vous soyez dans la grande salle des jeux du Crotting où, précisément, vous venez de vous faire inscrire. C'est M. Lesbrouffe qui tient la banque, et il taille sur la séquence 113, barême admirable qui lui amène 9 chaque fois qu'il tire à 5. Autour de vous, de braves poires s'émerveillent de cette obstination que met le sort à toujours amener 9 entre les mains de M. Lesbrouffe, et, bien que ne connaissant pas la vie intime du banquier, estiment bravement que ce gentilhomme doit être cocu. Quant à vous, bien que nouveau venu au Crotting, la fortune vous faisant insolent, comme il sied, debout, les mains dans vos poches, derrière M. Lesbrouffe, vous ne ménagez pas les réflexions désagréables à l'honorable combinard, disant, entre haut et bas: «Bizarre!» ou : « Etrange!» ou bien encore : « Très curieux ! » à chaque réapparition du terrible 9 à l'aide de quoi, impassible, M. Lesbrouffe savonne les poires. Pauvre, ou de situation médiocre, on vous ficherait à la porte. car, à moins de vous emparer du talon et de prouver aux pigeons qu'on les plume en étendant les cartes sur le tapis, en somme, je vous

défie de démontrer quoi que ce soit contre M. Lesbrouffe que la chance peut favoriser. Néanmoins,
comme vous êtes riche, on vous laisse dire, quitte
à se rattraper plus tard... en vous rinçant des 15o
ou 2oo louis qu'il vous plaira de risquer.

— Jamais de la vie !

— Si Monsieur, et le plus aisément du monde
D'ailleurs, sans même qu'il ait eu besoin pour
cela d'entendre vos réflexions, le croupier vous
tient à l'œil, car, si vous l'ignoriez je vous l'ap-
prends, le personnel des maisons de jeu, du tenancier au plus humble garçon de service, est une
vaste confrérie où les nouvelles circulent avec la
rapidité de la foudre. Sans que vous vous en dou-
tiez on vous connaît donc, on vous apprécie à
votre juste valeur, et, je le répète, on vous tient à
l'œil. Mais laissons cela, la taille est épuisée, et
vous vous faites adjuger la banque. Que croyez-
vous que l'on va vous passer en fait de jeu... une
séquence de contre ? Pas si bêtes ! sans savoir exactement de quoi il retourne, vous seriez capable
d'éventer le truc. On vous passe du *flan*, c'est-
à-dire du bon, du jeu honnête, non maquillé,
innocent comme l'enfant qui vient de naître. Oh !
à présent vous pouvez regarder le croupier, le dé-
visager, le flairer, il ne bat plus à la parisienne, et,
comme vous, vous battez en tricotant, un simple

coup de palette, appliqué au tapis, annonce aux combinards qu'il n'y a plus de combine à faire. Désormais, resteriez-vous dix heures en banque, on ne jouera plus que de façon loyale, et, si la chance vous favorise, aucune escroquerie ne viendra contrarier cette chance. Mais, le lendemain matin ou, plutôt, ce matin même, à onze heures sonnant, au domicile de M. Tirelouis, conciliabule entre ce dernier, le croupier, MM. Lestampe et Lesbrouffe. Il s'agit d'avoir ce *poilu récalcitrant*. Le poilu, cher Monsieur, c'est vous. Ah ! vous avez obligé le Crotting à jouer honnêtement ! le Crotting ne vous le pardonnera jamais. Il y va de l'honneur du tenancier, du croupier, et c'est pourquoi ils se rassemblent.

— Afin ?

— Lisez le chapitre suivant.

CHAPITRE IV

Où l'on voit agir
le grand premier rôle

Place ! marauds, faquins, menuailles, racailles, petites gens, utilités de toutes sortes, place ! ! le grand premier rôle fait son entrée ! ! !

— Le grand premier rôle ?

Eh ! oui, le protagonès, l'homme indispensable, l'étoile au cachet formidable : le grec en un mot.

Aussi bien l'attendait-on, et plus d'un lecteur, j'en suis sûr, a-t-il dû s'étonner de le point voir encore. Mais à la longue, a dit le poète, tout arrive, même les choses qu'on désire. Le grec arrive donc, précédé d'une réputation quasi universelle où la vérité, qu'il nous faudra indiquer, le dispute à la légende, qu'il nous faudra détruire.

Auparavant, une explication.

Depuis les deux actes employés par Molière à préparer l'irruption de Tartuffe sur la scène, au théâtre une pratique s'est implantée, exigeant qu'une action accessoire précède l'entrée du personnage principal dont, par avance, elle expose et explique le caractère, et, peut-être, vu le retard apporté à la présentation du grec, nous accusera-t-on de cabotinage classique. Et bien, détrompez-vous, et, si telle est votre pensée, reconnaissez votre erreur, l'apparition du grec au Crotting dépendant, non de l'auteur de cet ouvrage, mais de M. Tirelouis, lequel, cela se conçoit, a dû éviter le plus longtemps possible l'adjonction d'un engagement dispendieux à ceux déjà contractés. car, venu le partage, le grec touchera, à lui seul, presque autant que le tenancier. Néanmoins, il est des situations qui exigent des sacrifices pécuniaires, M. Tirelouis le sait mieux que personne, et c'est pourquoi, sitôt l'apparition du terrible M. Lafouine, il a de nouveau convoqué, pour onze heures précises, outre son croupier, MM. Lestampe et Lesbrouffe.

Cette fois, il ne s'agit plus d'engager des hommes capables, tels nos deux combinards, d'entrer dans une combine et de la faire aboutir ; non, il s'agit de s'assurer les services d'un personnage de génie supérieur, à qui des aptitudes

vastes, un sens mathématique prodigieux, une acuité visuelle extraordinaire, une agilité de mains surprenante permettent d'inventer sur place toutes sortes de combinaisons, et de les varier à l'infini. Il va de soi qu'un tel numéro coûte cher, et qu'on ne saurait lésiner sur les frais. Aussi, pour commencer, M. Tirelouis remet-il à MM. Lestampe et Lesbrouffe pour 550 fr. de cartes, soit cent-dix jeux à 5 fr. le jeu, lesquels cent-dix jeux MM. Lestampe et Lesbrouffe portent illico à leur maître en matière d'escroquerie, à l'ouvrier vénéré, au philosophe dont l'enseignement admirable conduit toujours les adeptes à la victoire :
— à M. Laratisse ! !

Or, plus encore, n'est-il pas vrai? que le demi-sel racoleur ou le combinard déjà subtil, un tel personnage doit être étudié soigneusement.

Etudions-le.

Et d'abord, établissons bien ceci : tout comme le tenancier, en volant le grec estime accomplir une fonction, un travail spécial résultant des conditions particulières exigées pour l'exploitation d'un Cercle, affaire mauvaise en soi puisque les recettes ne sauraient y couvrir les frais. De-là, dans son esprit, la seule appellation justifiée qui lui convienne : celle d'ouvrier, car, pour ce qui est du vocable « philosophe, » il ne repose que sur un jeu de mots imbécile, philosophe ou philo venant de filer, d'où philo : homme qui file la carte. Quant au mot grec, (synonyme de voleur au jeu, on ne sait trop pourquoi), vous ne sauriez l'appliquer à M. Laratisse sans le mettre en fureur. Appelez-le philosophe il sourira, appelez-le ouvrier il se rengorgera, appelez-le grec il vous cherchera une affaire, à moins que, se sentant grillé, il ne disparaisse au plus vite.

Voici donc qui est entendu, M. Laratisse est un ouvrier parce qu'il travaille très bien la carte au profit du père la Combine (le tenancier) et à son profit personnel, car, s'il partage le résultat de son labeur avec le père la Combine, il lui arrive également de ne travailler qu'à son compte, en dehors du tenancier, et quelquefois contre lui. Mais nous n'en sommes pas là encore et, pour le moment, nous ne devons envisager M. Laratisse qu'opérant de compte à demi avec M. Tirelouis.

Ceci dit, et une fois enregistrée la description sommaire que nous venons d'esquisser de M. Laratisse, on doit saisir la distance énorme qui sépare l'ouvrier du demi-sel d'abord, du combinard ensuite. En effet, en dehors de la fonction plus ou moins bien exercée de rabatteur, le savoir du demi-sel ne le conduira jamais plus loin qu'à prendre la banque avec des cartes maquillées suivant un ordre qu'il ignore et qu'on choisira facile, comme dans la séquence 113 par exemple, où le travail est tout fait d'avance. Le combinard, lui, va plus loin, décachète les paquets, les recachète, organise des séquences compliquées, tels les barèmes 9—118 et 510, les panache, en suit les tours et détours sans se troubler. Or, tout cela, nous l'avons vu, peut être rendu inefficace par le simple bon sens d'un M. Lafouine qui, pour parer aux escroqueries du combinard, se contente de battre les cartes chaque fois qu'on les lui passe. Alors, adieu les séquences, il faut *travailler la carte*, et c'est ici qu'apparaît le mérite supérieur du bon ouvrier, et que saute aux yeux le génie de M. Laratisse.

Or, M. Laratisse n'est pas qu'un bon ouvrier, c'est encore (cette fois au sens véritable du mot) une espèce de philosophe, ayant sur les gens et les choses des opinions arrêtées, curieuses à connaître, et dont l'évocation peut seule éclairer le personnage en le campant sous sa véritable lumière, d'autant plus que ledit personnage, contrairement à ce que l'on pourrait croire, n'a rien de fantaisiste, qu'il existe ou qu'il a existé, comme tous les types que nous avons présenté et présenterons au cours de cette étude, et qu'en le décrivant nous ne faisons que le constater.

Donc, pour M. Laratisse, le jeu n'est que l'art de profiter, au détriment d'autrui, de la supériorité que l'on croit posséder sur ce même autrui, et, il faut bien le reconnaître, une telle définition, bien qu'elle taxe le jeu d'immoralité à son essence, ne laisse pas que d'être juste en soi. Dès lors, si vous l'accusez de friponnerie, M. Laratisse a vite fait de répondre :

— Pardon ! estimez-vous brave, l'homme qui de première force aux armes, en profite pour provoquer sans raison un malheureux, inhabile au maniement de l'épée ? Non, vous l'estimez lâche, n'est-ce pas ? Et bien, moi, j'estime voleur un praticien de la manille ou de l'écarté qui, tous les soirs, au café, tire de l'argent de ses voisins, comme le bretteur vous tirerait du sang sur le terrain.

Et n'allez pas, sous prétexte que, honnêtement joué, le baccara est un jeu de hasard, vous prévaloir de cela auprès de M. Laratisse, car, évoquant à son tour le principe démocratique : « l'argent doit être le produit du travail », il vous demandera quel labeur préside à la chance, en quoi la supériorité que vous confère le sort est moralement supérieure à celle que vous confère l'adresse ? et j'avoue humblement que, à votre place, je ne saurais trop quoi répondre à une telle question.

(142)

Vous voyez donc que M. Laratisse est un logicien ne manquant pas de logique, et comme, de plus, quoiqu'il en dise, il se méprise fort lui-même, n'échappant pas à la nécessité d'une comparaison fâcheuse entre sa personne et celle de ce bretteur dont il vient de parler, fatalement il en arrive à un système de généralisation paradoxale faisant de tout joueur ne jouissant pas d'une fortune princière un escroc présent ou à venir, escroc qu'il est en droit de dépouiller à l'aide de tous les moyens. Or, réfléchissez bien à ceci, vous tous qui nous ferez l'honneur de lire cet ouvrage, car, pour vous, ceci est grave, plus grave, peut-être, que les procédés à l'aide de quoi, chaque jour, on vous dévalise au Cercle.

En effet, si ce livre n'était qu'un ouvrage de documentation pure, nous aurions pu, nous bornant à décrire les escroqueries employées, considérer que, cela fait, notre tâche était accomplie. Mais notre ambition va plus haut, jusqu'à démontrer aux joueurs, si faire se peut, que l'organisation même d'un Cercle a en soi quelque chose d'immoral, créateur, chez les escrocs, d'un état d'esprit particulier les portant à considérer comme un simple travail l'exercice quotidien du vol. De là, allant du tenancier à l'ouvrier, l'organisation puissante d'une confrérie englobant tout le personnel du Cercle, confrérie trop redoutable pour qu'aucune initiation personnelle puisse en avoir raison. Il y faudrait donc l'initiative de la collectivité des joueurs, persuadés (aucun raisonnement ne pouvant les empêcher de jouer) que seuls des sacrifices pécuniaires, en permettant l'équilibre des frais et des recettes, les mettraient à même de se défendre avec quelque chance de succès. Est-ce trop demander aux joueurs? Hélas! oui, sans doute. Alors…retournons à M. Laratisse, et voyons-le opérer.

M. LARATISSE ENTRE EN FONCTION

Donc, M. Laratisse reçoit la visite de MM. Lestampe et Lesbrouffe qui lui remettent les cent-dix jeux que leur a confiés M. Tirelouis, et, une fois au courant des choses, pour entamer les opérations, il annonce à M. Lestampe, consterné, qu'il devra disparaître un temps du Crotting.

Certes! la décision est rude, mais quoi? un combinard soupçonné doit disparaître... quitte à revenir plus tard, si l'ouvrier le lui permet. Sous prétexte de vaquer à ses affaires, M. Lestampe sera donc censé être de retour en Belgique jusqu'à l'époque bienheureuse où M. Laratisse, ayant prouvé à M. Lafouine que tout se passait honorablement au Crotting, autorisera le combinard malchanceux à réintégrer le Cercle.

En attendant, navré mais obéissant à l'ouvrier qui lui fait gagner sa vie, M. Lestampe se retire, chargé de prévenir M. Crapulos, autre combinard au service de M. Laratisse, que ce dernier l'attend, pour un travail pressé, en compagnie de M. Lesbrouffe.

Aussi, quand M. Crapulos se présente, trouve-t-il MM. Laratisse et Lesbrouffe activement occupés au triage des 5.720 cartes envoyées par M. Tirelouis : travail considérable, qu'allégera néanmoins la participation du fidèle Crapulos.

— Ah ! ah ! je vous vois venir, toujours des séquences, s'écrie dédaigneusement M. Lafouine qui, ne l'oublions pas, lit cet ouvrage.

— Non, cher M. Lafouine, plus de séquences, pas le moindre barême.

— Alors quoi ?

— Le maquillage au tarot.

— Et, avec ce maquillage, on m'empilera, moi, Lafouine ?

— On vous empilera, vous, Lafouine, tout *durillon* (1) que vous soyez.

— Je serais curieux de savoir comment ?

— Vous allez le savoir.

(1) Durillon : dur ou difficile à dévaliser

LE MAQUILLAGE AU TAROT

Chaque Cercle, nous l'avons dit, a son tarot, dessin spécial reproduit au dos de chacune des cartes employées, et les joueurs estiment que c'est là, pour eux, une garantie, aucune carte d'un Cercle ne pouvant, de la sorte, être introduite frauduleusement dans un autre Cercle.

Voyons ce que vaut cette prétendue garantie et, pour cela, supposons que le tarot du Crotting se compose de carreaux ou carrés bleus, alternant avec des carreaux ou carrés blancs ; — voir ci-dessous : fig. 14.

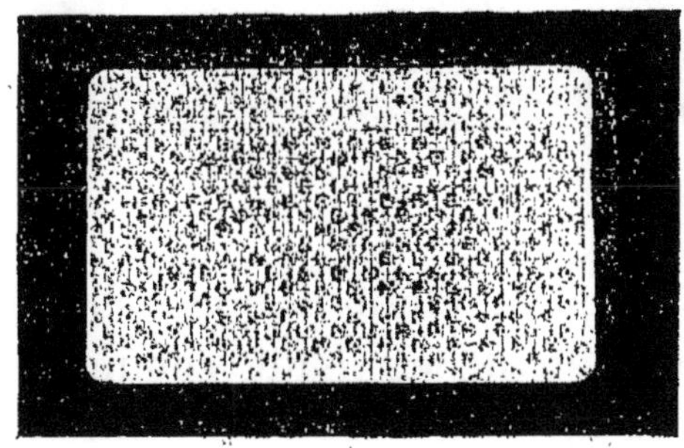

Fig. 14

(147)

Quand, la carte mise en long, d'un bout à l'autre du fil, en haut comme en bas, et sans déviation, les carreaux se présentent en entier, cette carte, pareille à celle que nous venons de présenter dans la figure 14, sera toujours une bûche : roi, dame, valet ou 10.

Mais toutes les cartes ne présentent pas une disposition identique au tarot.

Par exemple, il arrive que, d'un bout à l'autre du fil, les carreaux soient coupés au milieu de leur hauteur ; — voir ci-dessous : fig. 15.

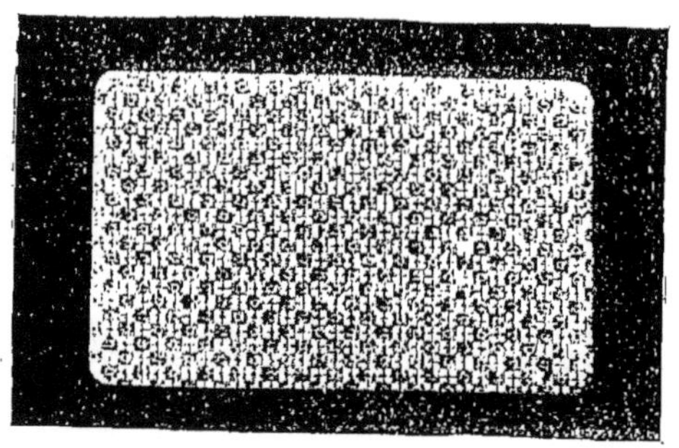

Fig. 15

Quand, la carte étant toujours allongée, d'un bout à l'autre du fil, en haut comme en bas, et sans déviation, les carreaux seront coupés en deux ; cette carte, pareille à celle que nous venons de présenter dans la fig. 15, sera toujours un 8 ou un 9.

Et maintenant, abordons les déviations, car il arrive fréquemment que les carreaux aillent en queue de rat, c'est-à-dire en diminuant progressivement de droite à gauche par exemple, comme ci-dessous : fig. 16.

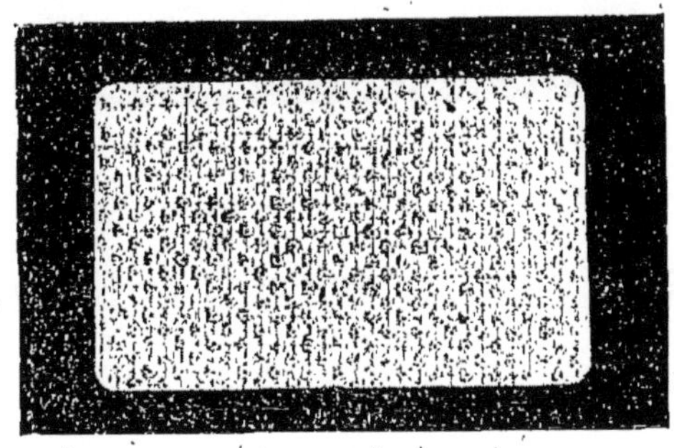

Fig. 16

En ce cas, il ne s'agit que de choisir, parmi les 5, les 6 et les 7, toutes les cartes présentant une disposition pareille au tarot, et de les réunir.

Restent, à présent, les as, les 2, les 3 et les 4, et l'on se doute que, pour ce qui est de ces valeurs, MM. Laratisse, Crapulos et Lestampe auront soin de choisir la déviation contraire, c'est-à-dire une succession de carreaux allant en queue de rat toujours, mais cette fois de gauche à droite, comme on peut le voir ci-dessous : fig. 17.

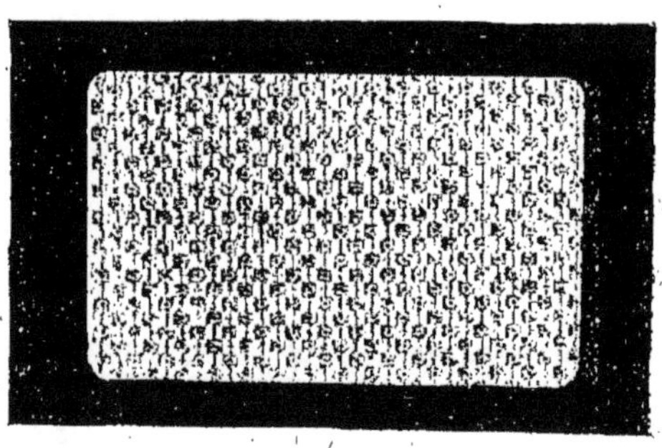

Fig. 17

Et voilà... vous connaissez le maquillage au tarot.

Pour l'établir, aidé par MM. Lesbrouffe, Lestampe et Crapulos, M. Laratisse a d'abord extrait des cent-dix paquets décachetés les 5.720 cartes qui les emplissaient, et a divisé le tout par valeurs, obtenant 1.760 bûches : rois, reines, valets et les dix ; — 880 cartes ayant 8 et 9 comme valeurs : soit deux fois 440 cartes ; — 1.320 cartes accusant 5, 6 et 7 comme valeurs : soit trois fois 440 cartes ; — 1.760 cartes accusant 1, 2, 3 et 4 comme valeurs : soit quatre fois 440 cartes.

Ceci fait, l'ouvrier et ses combinards ont procédé à un second triage, examinant une à une les 760 bûches, et en extrayant quatre-vingt-seize fois le roi, autant de fois la reine, le valet et le dix : soit 384 cartes, présentant au tarot l'aspect de la figure 14.

Des 880 cartes accusant 8 et 9 comme valeurs, ils ont tiré quatre-vingt-seize fois le 8, et autant de fois le 9 : soit 192 cartes, présentant au tarot l'aspect de la figure 15.

Des 1.320 cartes accusant 5, 6 et 7 comme valeurs, ils ont tiré quatre-vingt-seize fois le 5, quatre-vingt-seize fois le 6, autant de fois le 7 : soit 288 cartes, présentant au tarot l'aspect de la figure 16.

Des 1.760 cartes accusant 1, 2, 3 et 4 comme valeurs, ils ont tiré quatre-vingt-seize fois l'as, autant de fois le 2, le 3, et le 4 : soit 384 cartes, présentant au tarot l'aspect de la figure 17.

Maintenant, divisez chacun de ces nombres par 24, vous obtenez 16 bûches : quatre fois le roi, autant de fois la reine, le valet et le 10, représentés chacun par une carte dont les carreaux sont réguliers ; — quatre fois le 8, autant de fois le 9, représentés chacun par une carte dont les carreaux sont coupés à moitié de la hauteur ; — quatre fois le 5, autant de fois le 6 et le 7, représentés chacun par une carte dont les carreaux vont en diminuant de droite à gauche ; — quatre fois l'as, autant de fois le 2, le 3 et le 5, représentés chacun par une carte dont les carreaux vont en diminuant de gauche à droite.

Des 110 jeux que lui a fait porter M. Tirelouis, l'ouvrier a donc extrait 24 jeux de 52 cartes chacun, c'est-à-dire 24 jeux complets, lesquels 24 jeux sont maquillés au tarot.

Et remarquez qu'il aurait pu agir ainsi avec n'importe quelles cartes, tout tarot étant susceptible de déviations.

En effet, supposez que, au lieu de carreaux, les cartes du Crotting soient ornées, au revers, d'une décoration représentant des œufs, sur 5.720 cartes vous en trouverez toujours 384 présentant l'aspect ci-dessous :

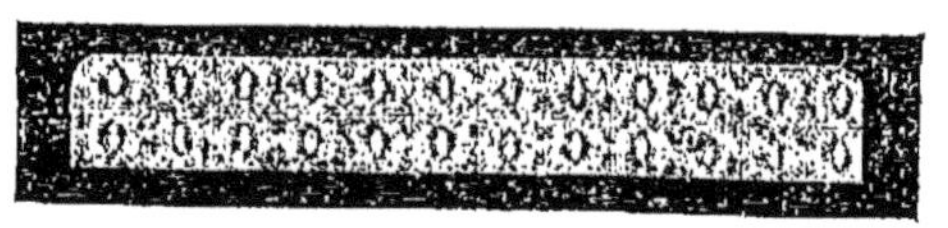

Fig. 18

et s'appliquant à toutes les bûches.

Pour les 8 et les 9, vous trouverez toujours 192 cartes présentant l'aspect ci-dessous : fig. 19.

Fig. 19

Pour les 5. les 6 et les 7 vous trouverez toujours 288 cartes pareilles à la figure ci-dessous :

Fig. 20

Pour les as, les 2, les 3, et les 4, vous trouverez toujours 384 cartes semblables à la figure ci-dessous :

Fig. 21

D'autres cartes auront des fleurs au tarot, d'autres (comme dans le jeu dit écossais) un treillis formé d'un assemblage de parallèlles entre-croisées, mais toutes prêteront au maquillage, la moindre différence dans la disposition ornementale du tarot créant un point de répère susceptible de particulariser une catégorie.

(153)

LE DUEL

Grâce à ses relations dans le monde des demi-sels (et nous savons qu'au Crotting, comme dans tout Cercle, il y a plusieurs de ces MM.) notre ouvrier s'est fait inscrire, ainsi d'ailleurs que son ami Crapulos.

Donc, les ennemis (en l'espèce M. Laratisse et M. Lafouine) sont en présence, et le duel va s'engager.

Il sera court, étant inégal.

En effet, si M. Laratisse connaît M. Lafouine qu'on lui a désigné, par contre M. Lafouine ignore totalement M. Laratisse. De plus, dans la lutte entreprise, M. Lafouine est seul, tandis que M. Laratisse, d'accord avec le personnel du Crotting, commande à MM. Lesbrouffe et Crapulos qui lui obéissent au doigt et à l'œil. Enfin, si l'usage des séquences est momentanément interdit, la *lecture du tarot* va permettre à M. Laratisse de fusiller son adversaire sans même s'asseoir au tapis : en restant invisible, par conséquent.

LA MACHINE A VOLER

Pour cela, M. Laratisse a disposé les combinards face au marbre, M. Lesbrouffe occupant le n° 12. Quant à lui, modestement il circulera parmi les pontes debout, jusqu'à l'instant précis où il conviendra à M. Lafouine de prendre la banque.

Admettons que cet instant soit venu.

M. Lafouine s'installe, et, tout en posant les 150 louis que lui coûte la prise de possession de la banque, dit impérativement au croupier :

— Cartes neuves !

— Changeur ? cartes neuves, s'il vous plaît... répète aussitôt le croupier.

Et M. Tirelouis, installé près de la caisse, remet au changeur, qui les apporte au croupier, deux des 24 jeux tarotés par M. Laratisse.

Le croupier s'empare de ces jeux, les décachète, les bat le plus honnêtement du monde, les présente à droite et à gauche, les passe à M. Lafouine qui les rebat soigneusement, les fait couper, en garnit le marbre.

Et maintenant, que va-t-il se passer ?

Oh ! mon Dieu, une chose bien simple... à condition d'avoir de bons yeux, pourtant.

En effet, le marbre une fois garni, qu'est-ce que peuvent bien apercevoir, sur ce marbre, et M. Lafouine, et les pontes debout derrière M. Lafouine, et, parmi ces pontes, M. Laratisse ? Qu'est-ce que peuvent bien apercevoir tous ces gens... sinon ce qu'aperçoit le lecteur en considérant la figure ci-dessous :

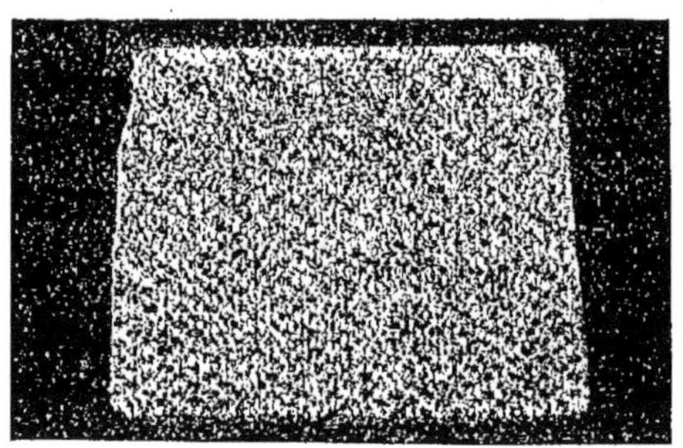

Fig. 22

Et qu'est-ce qu'elle dit au lecteur, cette figure ?

Elle lui dit qu'à la regarder trop longtemps il attrapera la migraine.

Mais, M. Laratisse n'est pas homme à attraper une migraine pour si peu. A cent cinquante mètres au-dessus du sol, l'épervier aperçoit un mulot. A quatre mètres de distance, M. Laratisse lit le tarot et, sur cent quatre cartes dont les bords sont espacés irrégulièrement de 1 millimètre à 1 millimètre 1/2, parfois un demi-millimètre, il voit si les carreaux sont entiers, coupés, ou bien encore s'ils vont en queue de rat de droite à gauche ou de gauche à droite. Aussi, M. Laratisse a-t-il des yeux de tireur émérite, ou, mieux encore, de bête de proie ; des yeux de cristal, transparents et implacables, reflétant une âme où la pitié n'habite guère : l'âme du drôle qui ruine sans émotion un père de famille, accule mathématiquement un jeune homme au suicide, écrase sans risque une victime sans défense. Et cette acuité visuelle extraordinaire, que nous avons déjà signalée parmi les qualités requises chez « l'ouvrier », M. Laratisse la possède à un tel point que, pour en atténuer la fulgurance révélatrice, il a toujours soin de ne travailler que chapeau sur tête : un chapeau melon qu'il met en avant, et dont le bord lui cache les yeux.

Quant à l'avantage que tire M. Laratisse de la lecture du tarot, il est facile à deviner, le tarotage permettant à l'ouvrier d'indiquer, à l'aide de signaux convenus d'avance, à quel moment les combinards, *qui lui font face*, devront ponter à droite ou à gauche, s'abstenir ou faire banco. L'ensemble des signaux convenus pour une partie s'appelle le dusse, et il ne faut pas être grand clerc pour comprendre que ce dusse est variable à l'infini. Retirer son lorgnon, le remettre, en essuyer les verres, le balancer au bout du doigt, autant de gestes empreints du naturel le plus parfait et susceptibles, dans leur ensemble, de constituer un dusse. On peut encore tousser, cracher, se moucher, introduire ses pouces dans l'ouverture du gilet, saisir à pleines mains les revers de sa jaquette, se tambouriner la poitrine en étendant ou refermant un, deux ou trois doigts, suivant les besoins de la cause : un doigt refermé, c'est le tableau de droite qui gagne ; deux doigts repliés, le gain est pour le tableau de gauche ; la main étendue, l'avantage est à la banque... etc.

A présent, toutes les conséquences du système apparaissent, effroyables, désastreuses pour les joueurs. Une séquence, si on la devine, est démontrable, à condition d'avoir le courage de saisir le talon et d'étaler les cartes, figures retournées, sur le tapis. Avec le maquillage au tarot, rien de semblable, et le joueur qui, se sentant volé, retournerait les cartes, ne réussirait qu'à se faire jeter à la porte. De plus, c'est avec le maquillage au tarot qu'on peut le mieux exciter un joueur en le laissant gagner de temps à autre, et l'amener progressivement à la ruine totale. C'est alors que se produisent ces suicides inexplicables en apparence, et que les journaux enregistrent en disant : chagrins intimes ! — truchement, toujours le même, inventé par la famille pour cacher à tous que si le père s'est tué, c'est parce qu'il avait ruiné les siens dans un tripot.

— Soit ! concède M. Lafouine, mais il y a, vous ne l'ignorez pas, des Cercles où l'on n'emploie que des cartes unies, c'est-à-dire ne comportant nul dessin au tarot. Si, après avoir lu votre ouvrage, il me plaît de ne fréquenter qu'un Cercle pareil, de quelle manière s'y prendra votre M. Laratisse pour me dévaliser ?

— D'une manière bien simple, cher M. Lafouine. Au lieu de se casser la tête à une recherche difficultueuse de combinaisons géométriques, M. Laratisse se contentera de dédorer purement et simplement le coin des cartes.

Pour cela, enfermant chaque carte entre deux morceaux de carton taillés en forme de carte, c'est-à-dire arrondis aux extrémités, et, trempant le bout d'une allumette qu'un coup de canif aura transformée en spatule, dans un mélange à base d'acide chlorydrique ; — voir ci-dessous : fig. 23,

Fig. 23

il enlèvera, entièrement ou sur certaines parties des coins, non la dorure, mais simplement le brillant de cette même dorure, suivant les dispositions exposées ci-dessous : fig. 24.

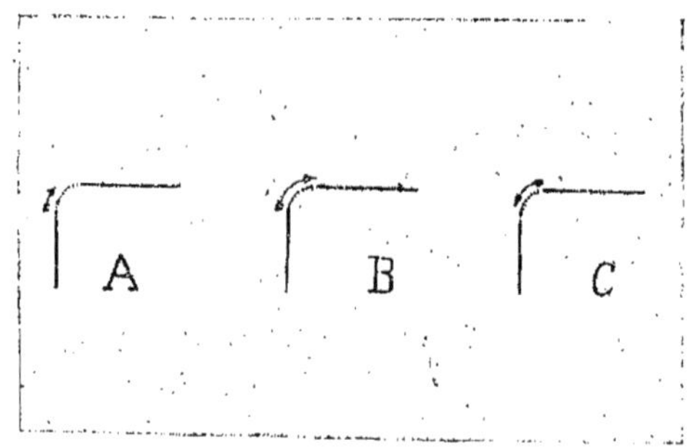

A : *Coin dédoré de gauche à droite : — toutes les bûches : rois, dames, valets, les 10 et les as.*

B : *Coin entièrement dédoré : tous les 7 - 6 - 5 - 4 - 3 - 2.*

C : *Coin dédoré de droite à gauche : les 8 et les 9.*

Fig. 24

Enfin ! si, pour une raison quelconque, M. Laratisse ne veut employer aucun des moyens ci-dessus énoncés, il lui reste encore la ressource, à l'aide d'une matière phosphorescente, d'inscrire sa valeur numérique au revers de chacune des cartes, laquelle valeur n'apparaîtra qu'à ses yeux, soigneusement recouverts de lunettes noires. Néanmoins, ce moyen ne sera employé qu'en de certaines occasions, rares et solennelles, car il

exige la simulation d'une maladie affectant la vue.
Et puis, M. Laratisse est d'une prudence extrême
et, avec l'électricité, on ne sait jamais ce qui peut
arriver; qu'un court circuit se produise, la lumière s'éteint, et la supercherie apparaît, flamboyante! aux yeux de tous, à moins que, tout
bêtement, n'entre au Cercle un joueur honnête
portant, lui aussi, des lunettes noires; — tableau!!

Quoiqu'il en soit, d'ailleurs, on voit que les moyens employés livrent, pieds et poings liés, avec
ou sans séquences, les joueurs à l'escroc, et que,
dans le duel Lafouine-Laratisse, c'est ce brave
M. Lafouine qui, fatalement, doit être battu, quoique malin et *parce qu'honnête*.

LE BACCARA CHEMIN DE FER
DIT BACCARA CHEMINEAU

A présent, le personnel de M. Tirelouis est au complet, car le Crotting possède, en la personne de M. Laratisse, un ouvrier apte au bon travail, lequel ouvrier, tel un caporal, commande à une brigade de quatre combinards : M. Lestampe vite rentré en grâce, MM. Lesbrouffe et Crapulos, et M. Jean Pile, un nouveau-venu en qui M. Laratisse a toute confiance.

Désormais le travail sera fini, perlé, coulé en bronze, comme disent les cabots de province. Les séquences seront difficultueuses, variées, interrompues à chaque instant par le tarotage. On ne flambera les pigeons, on ne dégraissera les poires qu'avec toutes sortes de précautions, en douceur, sans les faire crier, en leur donnant, de temps à autre, quelque répit, quitte, venue l'heure propice, à employer un de ces coups foudroyants dont le client américain, attiré par M. le baron demi-sel, sort à l'état de squelette blanchi à la chaux.

(162)

Or, ces coups, étant donné ce qui précède (explication des séquences, moyens de tarotage) on les connaît ; il n'y a donc pas lieu de s'y attarder.

Abordons le baccarra chemin de fer, ainsi appelé parce qu'il va en tournant : chemin de fer ; qu'il marche : chemineau.. qui chemine, en terme de *philosophie* (1).

Le baccara chemin de fer se joue avec six jeux de 52 cartes, lesquels, neufs, coûteraient 30 fr., ce qui fait que l'on emploie des cartes usagées par une ou deux parties antérieures de baccara en banque, ou baccara taille au marbre.

Ces six jeux, le changeur les apporte dans un sabot : boîte spéciale ayant la largeur d'une carte,

Fig. 25

(1) Ce mot, étant donné la signification à quoi il tend, pourrait s'écrire avec un f : filosophie ; mais, comme, même au point de vue argotique, il ne repose sur aucune base sérieuse, nous maintenons l'orthographe ordinaire, laissant à MM. les escrocs le soin de prononcer en la matière.

environ o m. 25 cent. de long, une pente intérieure, et qui se trouve ouverte à l'une des extrémités ; — voir page 163 : fig. 25.

A Paris, dans les Cercles, le chemin de fer s'engage quand il n'y a pas encore assez de monde dans la grande salle des jeux pour entamer le baccara en banque. Il est la grande ressource des Casinos où il exige la présence d'une brigade : l'ouvrier ou philosophe commandant, comme M. Laratisse, à quelques combinards ou demi-sels.

Pour le croupier, l'escroquerie est à la fois plus facile et plus difficile au baccara chemin de fer qu'au baccara taille au marbre. En effet, au baccara chemin de fer il est entendu, de par le règlement, que, seul, le croupier devra battre les cartes, ce qui rend impossible la démolition de la séquence par un joueur soupçonneux, tel cet excellent M. Lafouine. D'un autre côté, il est infiniment plus ardu de battre à la parisienne 312 cartes que d'en battre 104. Néanmoins, grâce à une disposition savante dont nous expliquerons l'agencement au moment voulu, on y arrive.

Donc, ayant enlevé le gros élastique en croix tenant les six jeux accolés ensemble, le croupier, les joueurs ayant pris place, bat à la parisienne et fait couper les 312 cartes par le joueur qui se trouve être immédiatement à sa droite : celui occupant le nº 12, par conséquent.

Les cartes coupées, le croupier les remet immédiatement dans le sabot, puis, à l'aide d'une carte de coupe, il en prélève une partie (une vingtaine environ) qu'il tend au joueur occupant le nº 1, la carte de taille masquant la dernière carte de la coupe, afin d'éviter que cette carte ne soit vue des joueurs.

Ce joueur occupant le nº 1, à qui le croupier vient de passer les cartes, est le banquier, et pose sur le tapis la mise qui lui convient, la banque, cette fois-ci, n'étant plus aux enchères.

L'ayant-main, c'est-à-dire le joueur immédiatement à la droite du banquier, peut faire banco, tenir la totalité de la mise ou n'en tenir qu'une partie, ce qui permet aux autres joueurs de compléter cette mise si bon leur semble. Si tout n'est pas fait, le coup ne sera donné que pour les mises déposées.

Si le coup a été gagné par le ponte, il est prélevé 10 o/o pour la cagnotte.

Il est également prélevé 10 o/o tous les deux coups gagnés par la banque, et sur la suite que peut fournir le banquier.

Ce banquier, au lieu de tailler au marbre, ce qui exigerait une promenade perpétuelle de la porcelaine (le marbre en argot philosophique) donne les cartes *à la main* : détail qui a une grande importance, et explique la part considérable de l'ouvrier à la bonne exécution de l'escroquerie au baccara chemin de fer.

La distribution, faite par le banquier, a lieu comme suit :

1° : une carte pour les pontes — une pour la banque.

2° : une carte pour les pontes — une pour la banque.

Celui des pontes qui a mis le plus d'argent contre le banquier prend la main, regarde s'il a 8 ou 9, abat s'il les a, et, dans le cas contraire, demande ou non une carte supplémentaire.

Le banquier fait de même, c'est-à-dire que, suivant qu'il a ou n'a pas 8 ou 9, il abat ou non, tire ou ne tire pas.

On découvre les jeux.

Le point le plus fort l'emporte.

A égalité le coup est nul et on recommence, le banquier gardant la banque et ne l'augmentant que si tel est son désir.

Si le coup est gagné par le banquier, celui-ci garde toujours la banque à sa volonté, mais, en ce cas, joue avec une mise doublée par le gain, et doit tenir la totalité de ce qui est fait contre lui.

Si, au contraire, il ne veut pas tenir le coup, le banquier dit :

— Je passe la main.

Il y a donc une main passée, en d'autres termes : une suite.

Admettons, maintenant, que ce soit le joueur occupant le n° 5 qui prenne la suite en place du joueur occupant le n° 2. Il va de soi que si le joueur occupant le n° 2 a refusé cette suite, c'est parce que ce joueur, ainsi que ceux occupant les n°s 3 et 4, trouvaient trop forte pour leur bourse la somme engagée.

Le joueur occupant le n° 5, devenu banquier de par les désistements successifs des joueurs occupant les n°s 2, 3 et 4, joue... et perd.

Immédiatement, la banque revient à l'ayant-main par ordre numérique, c'est-à-dire au joueur occupant le n° 2, lequel joueur, cette fois, ne mise que la somme qu'il juge convenable de risquer.

Il en sera de même jusqu'à épuisement des 312 cartes de la taille.

Ces explications données, disons tout de suite qu'au Crotting, M. Lafouine étant là, on emploiera tout de même des séquences au baccara chemin

de fer, et que M. Lafouine, en dépit de sa perspi-
cacité bien connue, n'y verra que du feu. En effet,
dans ce genre de séquences, il importe peu que ce
soit la banque qui gagne, les coups étant connus
d'avance, ce qui permet au philosophe et à ses combinards de gagner comme pontes quand ils ne
gagnent pas comme banquiers. De plus, le banquier
changeant perpétuellement de place, M. Lafouine
ne peut le surveiller.

Mais ce sont là choses compliquées, se démon-
trant mieux par le fait que par le raisonnement.

Entamons donc...

LES SÉQUENCES DITES CHEMIN DE FER

Séquence 32 en 5

Ainsi appelée parce que les cinq nombres indicateurs : 2-4-7-9-10, forment, additionnés, le total 32, d'où la dénomination : 32 en 5.

```
687 — 846 — 030 — 207 — 950 — 301
073 — 015 — 260 — 370 — 591 — 882
606 — 030 — 745 — 466 — 007 — 090
195 — 843 — 606 — 450 — 211 — 928
074 — 003 — 210 — 709 — 080 — 540
060 — 735 — 601 — 090 — 288 — 024
061 — 530 — 059 — 187 — 305 — 442
300 — 190 — 607 — 602 — 078 — 603
985 — 011 — 640 — 050 — 209 — 345
949 — 581 — 767 — 362 — 988 — 760
201 — 004 — 072 — 300 — 200 — 435
876 — 021 — 904 — 695 — 280 — 007
139 — 386 — 700 — 915 — 004 — 500
021 — 433 — 591 — 260 — 341 — 007
```

800 — 390 — 786 — 406 — 905 — 480
046 — 957 — 830 — 250 — 712 — 907
068 — 260 — 104 — 069 — 502 — 036
840 — 120

Clé de cette Séquence

Les vingt-quatre zéros pointés indiquent autant de rois, et s'appellent : postillons. Or, le postillon qui, dans certaines séquences du même genre, peut être la dame, le valet ou un 10, indique, chaque fois qu'il est retourné comme dernière carte, *que ce soit ou non au tirage*, que le coup suivant est perdu pour le banquier. Il en est de même chaque fois que la dernière carte retournée se trouve être, sans distinction de couleur, un 2, un 4, un 7 ou un 9.

Et maintenant, possédant la séquence 32 en 5, et la clé de cette séquence, imaginons un baccara chemin de fer étagé sur ce barême et conduit par M. Laratisse, lequel, ne l'oublions pas, commande à quatre combinards : MM. Lestampe, Lesbrouffe, Crapulos et Jean Pile.

Tacticien consommé, M. Laratisse occupe le nº 8, parce qu'au nº 7 se trouve le baron de Lagourde, joueur mirifique possédant le fin matelas, et que M. Laratisse, toujours complaisant, se fera un véritable plaisir de dégraisser du trop plein de sa galette.

Au n° 1 se trouve M. Lestampe ; au n° 4, M. Lesbrouffe ; au n° 6, *à gauche du croupier*, M. Crapulos ; au n° 12, *à droite du croupier*, M. Jean Pile.

D'ailleurs, afin d'éviter tout cassement de tête au lecteur, voici, à nouveau, la reproduction du tapis vert, avec, en-dessous, l'indication des places occupées par le philosophe, les combinards et les véritables joueurs, chacun de ces derniers répondant à l'appellation de poire, la seule qui lui convienne... tout au moins dans l'esprit de M. Laratisse et des hommes de sa brigade.

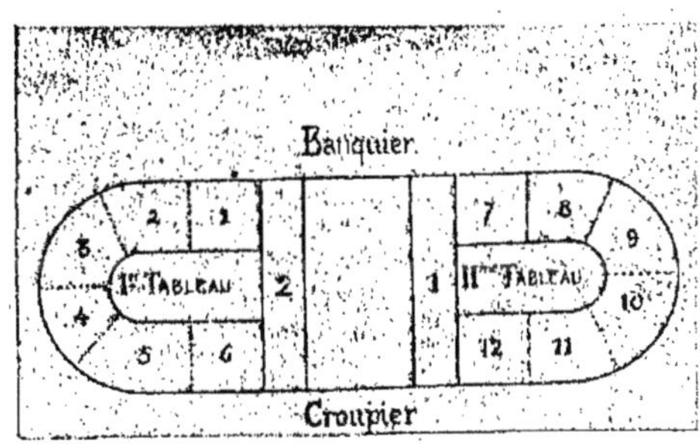

Fig. 26

TABLEAU DE DROITE

TABLEAU DE GAUCHE

N° 1 : M. Lestampe

N° 7 : Une poire (1)

N° 2 : Une poire

N° 8 : M. Laratisse

(1) Baron de Lagourde.

N° 3 : Une poire   N° 9 : Une poire
N° 4 : M. Lesbrouffe   N° 10 : Une poire
N° 5 : Une poire   N° 11 : Une poire
N° 6 : M. Crapulos   N° 12 : M. Jean Pile

Admirez cette disposition savante !

Il est infiniment plus difficile, avons-nous dit, de battre à la parisienne 312 cartes que d'en battre 104 : donc, possibilité, pour le croupier, d'être marron, c'est-à-dire de se faire pincer. Aussi voyez, MM. Crapulos et Jean Pile l'encadrent soigneusement, le premier se trouvant à sa gauche, le second à sa droite. De la sorte, pour l'honorable croupier, plus de crainte à avoir. En effet, aux joueurs d'en-face il pourra toujours masquer la batte en maintenant élevées, sur la face extérieure du jeu, un certain nombre de cartes formant écran, et comme, pour battre, il tient les cartes au bord du tapis, aucun ponte, debout derrière lui, ne peut rien voir de ce qu'il fait. De qui donc, alors, le brave homme aurait-il à se méfier, sinon des joueurs assis directement à sa droite et à sa gauche ? — raison pourquoi de la présence de MM. Crapulos et Jean Pile aux n° 6 et 12.

Néanmoins, avant de poursuivre, il nous faut encore répondre à une objection possible. En réalité, au baccara chemin de fer, les numéros ne signifient rien, puisque la main passe à tour de rôle, ce qui revient à dire que la banque change de place à tout instant. Il arrive donc que deux joueurs, moyennant l'appoint de quelques chaises supplémentaires, se trouvent au même numéro, et que, s'il y a presse, on ne laissera pas libres les espaces occupés par les bandes 1 et 2 servant aux joueurs des tableaux de droite et de gauche à ponter, dans le baccara taille au marbre, sur l'un ou l'autre tableau, ou sur les deux à la fois. En ce cas, il va de soi que MM. Crapulos et Jean Pile, serrant les rangs, comme les camarades, s'arrangeront toujours de manière à être directement, l'un à la gauche, l'autre à la droite du croupier. Seulement, par mesure de clarté nous avons cru devoir conserver l'ordre naturel, pensant qu'il serait plus agréable au lecteur de suivre les opérations sur un tapis vert non surchargé, et en observant l'ordre des numéros imprimés sur le tapis pour le baccara taille au marbre.

LA PARTIE

M. Jean Pile tient la banque moyennant 5 louis.

Comme il occupe le n° 12, en réalité, à supposer, comme nous le faisons, qu'il n'y ait qu'un
joueur par n°, c'est-à-dire douze joueurs autour
du tapis, M. Jean Pile serait le septième à jouer,
la banque, au baccara chemin de fer, faisant perpétuellement le tour du tapis.

D'ailleurs, il y déjà un certain temps que la
partie dure, et, la main acceptée ou refusée, puis
revenant à l'ayant-droit par ordre numérique,
plusieurs fois la banque a occupé chacun des
douze n^{os} du tapis, montant ou diminuant de valeur.

Au début, la batte à la parisienne exécutée, il
y avait eu coupe : donc, rejet du début de la séquence 32 en 5 qui a néanmoins fonctionné le
mieux du monde, faisant toujours perdre la
banque chaque fois que, terminaison du coup précédent, un postillon, c'est-à-dire un roi, a été
retourné comme dernière carte.

(174)

Or, au moment qui nous occupe, M. Jean Pile tenant la banque pour la deuxième ou la troisième fois, la séquence 32 en 5 est revenue à son point de départ : 6 — 8 — 7... etc., ce qui revient à dire que, la distribution faite, on obtient :

1° : 6 à la ponte — 8 à la banque.
2° : 7 à la ponte — 8 à la banque.

On tire : M. Jean Pile se tient à 6, et donne à découvert un 4 au ponte, lequel se trouve avoir 7.

M. Jean Pile a donc perdu 5 louis.

De plus, M. Jean Pile ayant, comme dernière carte, retourné un 4, le coup suivant sera encore perdu pour la banque. Seulement, cette fois, M. Jean Pile ayant perdu, la banque revient au joueur occupant le n° 11 sur le tapis, lequel joueur, bonne poire, y va de ses 10 louis.

Alors, sachant mieux que personne ce qui doit advenir, M. Laratisse fait banco et tient les 10 louis.

Résultat

1° : 6 à la ponte — o à la banque.
2° : 3 à la ponte — ô à la banque.

La ponte a donc 9, le banquier o (ou baccara) et M. Laratisse, tenant le banco, ratisse 10 louis.

Mais, comme dernière carte, le banquier a retourné un zéro pointé (c'est-à-dire un roi) pour lui (1).

Le coup suivant, (3ᵉ de la séquence 32 en 5 prise dans l'ordre naturel), sera donc encore perdu pour la banque.

Cette banque, le banquier occupant le nº 11 sur le tapis ayant perdu, c'est la poire occupant le nº 10 qui se l'adjuge moyennant 10 louis. Le joueur occupant le nº 9 met 50 fr. M. Laratisse tient le reste.

RÉSULTAT

1º : 2 à la ponte — o à la banque.
2º : 7 à la ponte — 9 à la banque.

Il y a donc égalité.
On recommence.

RÉSULTAT

1º : 5 à la ponte — o à la banque.
2º : 3 à la ponte — ô à la banque.

La ponte a donc 8, et la banque fait baccara.

(1) M. Laratisse sait toujours la dernière carte qu'a eu le banquier : 1º parce qu'il connaît l'ordre de la séquence; 2º parce qu'il regarde toujours de quelle manière le banquier ramasse ses cartes, de cette façon quand le banquier, ayant perdu ou gagné, jette ses cartes sur le tapis, il reconnaît celle qu'il s'est donnée en dernier.

M. Laratisse empoche 15o fr., la poire n° 9 empoche 5o fr., et, d'une part alléchée par le gain, d'autre part estimant que la banque ne peut toujours perdre, la prend moyennant 8 louis, alors que la dernière carte retournée par le banquier étant zéro pointé (c'est-à-dire un roi) la banque continue à perdre.

Aussi, une fois encore, M. Laratisse fait-il banco, comme c'est son droit.

RÉSULTAT

1° : 1 à la ponte — o à la banque
2° : 7 à la ponte — 3 à la banque.

La ponte a donc 8, la banque 3, M. Laratisse, qui a refait le banco, encaisse 16o fr. et, comme il occupe le n° 8, c'est à son tour d'avoir la banque, laquelle doit être gagnante, puisqu'il n'a été retourné comme dernière carte par le banquier ni 2, ni 4, ni 7, ni 9, ni postillon.

Or, taxé hardi joueur par les pontes déjà émus de son audace, M. Laratisse pousse au comble l'admiration à son égard en alignant cinq plaques de cent : soit 5oo fr. ou 25 louis.

Un murmure flatteur court le long du tapis, et les mises sont faites par la totalité des joueurs, les combinards ne pontant que juste ce qu'il faut pour ne pas avoir l'air de se désintéresser du jeu.

RÉSULTAT

1° : o à la ponte — 1 à la banque.
2° : 5 à la ponte — 2 à la banque
on tire :
6 à la ponte — o à la banque.

La ponte a donc 1, la banque 3, et M. Laratisse, ratissant toujours, se trouve à la tête d'une banque de 5o louis, encore bonne pour l'avenir, la dernière carte qu'il a retournée ne figurant pas dans la clé.

Il est à remarquer, toutefois, qu'ayant 5, la ponte aurait pu s'abstenir de prendre une carte.

Alors, que serait-il arrivé ?

Tout simplement ceci, que la banque aurait hérité du 6 que le tirage donne à la ponte, et comme $6+3=9$, M. Laratisse aurait toujours gagné car, dans une séquence, tout est prévu. Seulement, le coup suivant, 9 ayant été retourné comme dernière carte, la banque aurait été perdante. Aussi, vraisemblablement, M. Laratisse, au courant du phénomène, aurait-il passé la main, *à moins que...*

Mais nous traiterons de cette éventualité tout à l'heure.

(178)

Pour l'instant, prenons le coup tel qu'il a été joué, la ponte ayant perdu avec 1, la banque ayant gagné avec 3, et M. Laratisse gardant cette banque à 5o louis.

Mises faites comme précédemment.

Coup donné.

    1° : 3 à la ponte — 7 à la banque
    2° : o à la ponte — 5 à la banque
              On tire
    9 à la ponte — 1 à la banque

La ponte reste donc à 2, la banque à 3, et M. Laratisse, avéré cocu, se trouve à la tête d'une banque de 100 louis, toujours susceptible de lui attirer des gains futurs, la dernière carte retournée par lui étant un as.

Néanmoins, comme, à la longue, les soupçons pourraient s'éveiller, M. Laratisse, en ouvrier habile, passe la main à 100 louis.

Une telle banque étant relativement considérable pour l'endroit où nous sommes, les joueurs renâclent fortement pour prendre la suite, n'estimant pas que la veine puisse toujours demeurer au même.

C'est alors que, généreusement, M. Lestampe se dévoue, prenant la main.

On donne le coup.

Il est tenu par l'ensemble des joueurs, dont M. Laratisse qui, soigneux de sa réputation, met 25 louis... perdus d'avance.

Mais quoi ? ça n'est pas avec du vinaigre qu'on prend les mouches, ni qu'on amorce les poires.

Résultat

1° : 8 à la ponte — 8 à la banque
2° : 2 à la ponte — 6 à la banque
On tire
0 à la ponte — le banquier ne tire pas, ayant donné bûche.

Aussi, la ponte demeurant à 0 et la banque à 4, c'est au tour de M. Lestampe à gagner les 100 louis, mais, venant de donner un postillon (zéro pointé) comme dernière carte au ponte, il passe la main qui, cette fois, est à 200 louis.

En de telles condition, il va de soi que cette main, ça n'est ni M. Crapulos, ni M. Lesbrouffe, ni M. Jean Pile qui la prendront.

Sera-ce une poire ?

Peut-être.

Néanmoins, il n'y a guère de chance, les joueurs revenant toujours à leur raisonnement, juste cette fois, que, la banque venant de gagner nombre de coups, le banquier a dû épuiser la veine, ce qui revient à dire que les poires seraient plutôt disposées à s'unir pour faire banco.

Alors ?

Alors, souvenez-vous que, tout-à-l'heure, nous avons laissé sous-entendre que M. Laratisse, bien que sachant la banque perdante, n'hésiterait pas à la prendre s'il en voyait la nécessité ; souvenez-vous de cela, et appréciez toute la grandeur du génie de M. Laratisse.

En effet, (chose que n'oserait aucun combinard) cette banque, que M. Laratisse connaît perdante de par la présence du postillon comme dernière carte retournée, cette banque, M. Laratisse la prend tout de même à 200 louis, estimant qu'il y a avantage à ne pas la laisser tomber, car, si personne ne veut de la suite, le n° 7, banquier désigné par son tour numérique, ne mettrait peut-être qu'une somme insignifiante, ce qui amènerait une fâcheuse lenteur dans le fonctionnement de la machine à voler.

Aussi voyez ! M. Tirelouis est inquiet, le croupier tremble, les combinards sont effarés, les poires émues : — il va se passer quelque chose de grand ! !

Donné régulièrement, le coup amènerait : baccara pour la banque, 9 pour la ponte.

Mais, conscient de la responsabilité terrible que lui impose le destin, et résolu à tout plutôt que de trahir la confiance que lui valent trente années d'escroqueries toujours heureuses, l'ingénieux Laratisse procède comme suit.

Admettons que le talon, qu'il tient de la main gauche, contienne encore 10 cartes, ces cartes, étant donné la séquence 32 en 5, accuseront :
6 — o — 3 — o — 7 — 4 — 5 — 4 — 6 — 6.
Donc, logiquement, la première et la troisième de ces cartes (6 et 3) qui doivent revenir à la ponte, lui donneraient 9, ainsi que nous l'avons affirmé déjà, tandis que la banque, héritant de la deuxième et de la quatrième (o+o) ferait baccara avec deux bûches.

Fig. 27

(182)

Pour éviter cet inconvénient désastreux, M. Laratisse, au lieu de donner les cartes à découvert, (comme dans la fig. 27, page 182) a bien soin de les donner soigneusement à couvert, tenant ses mains comme ci-dessous : fig. 28.

Fig. 28

De la sorte, masquant le départ de la carte à l'aide de l'index de la main droite, de la main gauche il tient le jeu, l'index et l'auriculaire maintenant le talon par les côtés, et le medium faisant glisser la bûche, ou o, sous le 6 qu'il devrait remettre au ponte.

La distribution donne donc, au lieu de $6 + 3 = 9$ à la ponte, et $o + o = o$ à la banque, le contraire, c'est-à-dire $o + o$ à la ponte, et $6 + 3 = 9$ à la banque, la carte ayant été filée deux fois de suite.

Ceci fait, ayant 9, M. Laratisse abat et encaisse 200 louis.

A présent, si vous ne vous inclinez pas devant cela, c'est que le sens admiratif est à tout jamais atrophié chez vous.

Quoi qu'il en soit, d'ailleurs, une fois de plus vous avez saisi sur le vif la différence considérable qui existe entre le travail de l'ouvrier et celui du combinard, et vous devez comprendre qu'au baccara chemin de fer, pour corriger une seconde fois la chance, déjà corrigée par la séquence, il faut, en plus d'une bonne mémoire, un *doigté* remarquable.

On a souvent identifié le grec avec le prestidigitateur : comparaison fausse, car s'il y a ressemblance, il n'y a pas similitude. Le prestidigitateur est adroit, le grec aussi, mais il a, en plus, une aptitude mathématique dont le presdigitateur n'a nul besoin, et c'est dans la fusion des deux aptitudes : l'adresse des mains corroborant le sens mathématique, que gît, au point de vue du jeu, la supériorité du grec. Mettez en face l'un de l'autre un prestidigitateur et un grec, et faites les jouer à n'importe quel jeu de cartes, toujours le prestidigitateur sera battu... ce qui lui fait grandement honneur, empressons-nous de le reconnaître.

Là-dessus, abandonnons la partie établie sur la

séquence 32 en 5, laquelle partie, au Crotting comme dans tout Cercle, ne se continuera que jusqu'au moment où il sera possible, les joueurs étant plus nombreux dans la grande salle des jeux, de mettre la banque aux enchères pour le baccara taille au marbre.

Au partage des bénéfices qui, au Crotting, pourront s'élever à 50.000 fr., les combinards toucheront à eux quatre 20.000 fr., soit 5.000 fr., chacun ; le croupier aura 5.000 ; l'ouvrier 10.000. A M. Tirelouis, tenancier, il restera donc 15.000 fr.

Il n'en eut pas été de même dans un Casino, où le bénéfice se serait affirmé beaucoup plus considérable, le baccara chemin de fer, pour des raisons que nous expliquerons en temps et lieu, étant la ressource principale du fermier des jeux au Casino, comme le baccara taille au marbre est la ressource principale du tenancier du Cercle.

Nous pouvons même faire au lecteur cette petite confession que, si nous connaissons si bien la séquence 32 en 5, c'est pour avoir été mordu à ce genre d'escroquerie, de telle sorte que si, en écrivant ce livre, nous n'avions obéi qu'à un sentiment de rancune personnelle, nous aurions pu lui donner comme titre : *Les Mémoires d'un estampé*. Mais le Casino où se passait la chose (saison 1905) est si joliment situé, que nous n'avons gardé de l'aventure que le souvenir exquis d'un paysage Watteau.

Seulement... nous ne jouons plus.

Tâchez de faire comme nous.

FIN DES SÉQUENCES DITES
CHEMIN DE FER

On sait, à présent, à n'en pas douter, que, dans le baccara chemin de fer, pour dévaliser congrûment les joueurs, la présence de l'ouvrier est indispensable. Nous l'avons vu, cet ouvrier, intervenir pour filer la carte. Nous savons également qu'il surveillait le jeu du baron de Lagourde, dont le cœur s'oppressait du poids d'un portefeuille trop garni. C'est qu'un joueur *matelassé* est un malade de choix, exigeant le traitement approprié d'un spécialiste. Aussi, chaque fois qu'un malade de ce genre s'assied à côté du médecin ordinaire, un combinard, M. Laratisse fait-il signe à l'esculape inférieur d'avoir à se déplacer afin que lui, Laratisse, chirurgien en chef de la clinique du Crotting, puisse prodiguer au malheureux pléthorique les soins que nécessite son état. Or, le traitement étant toujours à base de séquence, nous pourrions quitter ici le baccara chemin de fer. Néanmoins, afin de bien établir que, dans ce baccara comme dans le baccara en banque, ça n'est pas la variété qui manque dans les moyens d'escroquerie, voici, pour en finir, un exemple de séquence à la couleur.

Séquence de pique

120 — 000 — 340 — 659 — 787 — 460
002 — 355 — 449 — 218 — 039 — 070
809 — 802 — 616 — 030 — 750 — 006
071 — 368 — 241 — 007 — 655 — 823
800 — 947 — 040 — 670 — 129 — 935
400 — 589 — 310 — 200 — 010 — 240
273 — 005 — 063 — 433 — 050 — 109
020 — 110 — 498 — 780 — 266 — 058
070 — 945 — 768 — 901 — 024 — 027
300 — 506 — 343 — 305 — 010 — 902
011 — 049 — 878 — 026 — 605 — 807
019 — 457 — 689 — 012 — 000 — 034
065 — 978 — 746 — 000 — 233 — 544
921 — 803 — 907 — 080 — 980 — 261
603 — 075 — 000 — 607 — 136 — 824
100 — 765 — 582 — 380 — 094 — 704
067 — 012 — 993 — 540 — 058 — 931
020 -- 001

Clé de cette Séquence

Tous les chiffres pointés indiquent des piques.

(188)

Donc, chaque fois que le banquier retournera un pique comme dernière carte, que ce soit ou non au tirage, *et sans distinction de point*, le coup suivant sera perdu pour la banque. Pour varier cette séquence, on n'a qu'à la monter avec des trèfles, des cœurs ou des carreaux.

Ainsi, voilà les joueurs prévenus. La séquence 32 en 5 peut se varier en choisissant comme postillon, au lieu du roi, la dame, le valet ou un 10 ; la séquence au pique, ou séquence à la couleur peut se varier en choisissant comme postillon, au lieu du pique, le trèfle, le cœur ou le carreau, ce qui revient à dire que deux procédés identiques fournissent huit moyens, en apparence dissemblables, de pratiquer l'escroquerie.

Est-on persuadé, maintenant, de ce que nous avons répété vingt fois déjà au cours de cette étude : à savoir que les procédés quasiment scientifiques employés par l'escroc de Cercle sont, de par leur multiplicité, impossibles à découvrir et lui livreront le joueur pieds et poings liés ?

Oui, sans doute, à moins de parti-pris incompréhensible, est-on persuadé de cela.

Alors, dans sa détresse, quelles consolations offrir à ce joueur perpétuellement et immanquablement floué ?

Nous n'en voyons que deux, d'ordre essentiellement platonique d'ailleurs, et les seules que l'on puisse raisonnablement envisager.

La première, c'est que les filous du Cercle et du Casino sont affligés du même vice que leur victimes. Rien d'aussi joueur qu'un ouvrier, si ça n'est le combinard qu'il emploie. Or, considérant la pratique du jeu de cartes comme un travail, et tout travail cessant d'être un plaisir au sens vulgaire du mot, les grecs de toutes envergures, après avoir dévalisé les pontes au baccara, vont se faire rincer sur les Champs de Courses et à Monte-Carlo. Il se réunissent même pour cela, faisant de leurs bénéfices individuels une masse commune qu'un délégué va perdre à la roulette ou au trente-et-quarante : manière comme une autre de faire retourner au tambour ce qui vient de la flûte.

Enfin, deuxième et ultime consolation, par cela même qu'en filoutant les poires ils ne pensent accomplir qu'une fonction comme une autre, entre tenanciers, gens du personnel, ouvriers, combinards et demi-sels éclatent à chaque instant des conflits d'intérêts, où se retrouvent et s'annotent toutes les phases de l'éternel conflit du capital avec la main d'œuvre. Alors, employeurs et employés se dévorent à qui mieux mieux, et, si un tel spectacle peut être de nature à vous réjouir, vous, les estampés, lisez le chapitre qui vient, vous y trouverez, minutieusement décrites, toutes les combinaisons de la grande bataille que se livrent parfois les estampeurs. Seulement, ne vous y trompez pas, à cette bataille vous n'avez jamais rien à gagner, car c'est vous, toujours vous, les poires, qui en soldez les frais, sans quoi le métier ne serait plus possible.

CHAPITRE V

Où les choses se gâtent, et où l'on atteint au comble de l'Art

Tout lasse, tout passe, tout casse, et il n'est si belle association qui, à la longue, ne prenne fin.

C'est à la rentrée des classes, au commencement d'octobre, alors que, sac au dos ou serviette sous le bras, en longues files, les bambins criards réintègrent le lycée, que s'est ouvert le Crotting, et il ne doit fermer, comme tous les autres Cercles, ou, plutôt, il ne doit entrer dans la morte-saison que vers le 15 juin, le Grand Prix une fois couru. Il a fonctionné six semaines de façon honnête, et ça n'est, on s'en souvient peut-être, que vers le 15 novembre que son tenancier, l'honorable M. Tirelouis, a cru devoir augmenter son personnel de la présence de MM. Lestampe et Lesbrouffe. Au début de janvier, les plaisanteries de mauvais goût de M. Lafouine ont exigé l'engagement plus coûteux de M. Laratisse qui, bientôt, a eu sous ses ordres une brigade complète, soit quatre combinards : MM. Lestampe, Lesbrouffe, Jean Pile et Crapulos.

De janvier au 15 mai, quatre mois et demi durant, obéissant, soldats disciplinés, les combinards ont savonné, puis soigneusement rincé les membres ordinaires et extraordinaires du Crotting, ceux qui habitent Paris de manière fixe comme M. Lafouine et le baron de Lagourde (le premier modestement car il est doué de prudence, le second largement car il est bonne poire), et ceux que les rabatteurs mondains ou demi-sels titrés ont savamment cueillis à l'Hôtel, sur les Champs de Courses, à bord des paquebots, en France et à l'étranger.

Malheureusement pour M. Laratisse, en ce mois de mai, perle du printemps, une dispute éclate entre lui et le tenancier du Crotting, dispute où, comme dans presque toute querelle, la raison profonde du conflit se cache sous une apparence mensongère.

A présent, il faut bien le dire, pour l'honorable tenancier du Crotting, la situation est des plus délicates.

Jugez-en plutôt.

M. Lafouine, vous le savez, a un caractère déplorable. Il est soupçonneux, tâtillon, jamais content, pas même d'être volé avec plus de précautions qu'un autre. Il a voulu entamer la lutte avec le personnel de M. Tirelouis, et il a été battu, ce qui était fatal, mais, au rebours de certain cocu, il est loin d'être content. Aussi, très bavard, épanche-t-il sa mauvaise humeur de tous côtés, allant jusqu'à s'étonner de la chance persistante qui s'acharne à combler de ses faveurs l'ingénieux Laratisse. Or, rien n'est plus injuste, M. Laratisse n'étant pas homme à se fier à la chance, mais bien plutôt à la corriger. N'empêche que les racontars vont leur train, et qu'un beau jour M. Tirelouis a la désagréable surprise d'apprendre que, fâcheusement excités par M. Lafouine, quelques membres du Crotting commencent à trouver que, depuis un certain temps, M. Laratisse gagne vraiment beaucoup.

— Qu'à cela ne tienne, dites-vous, il n'a qu'à prendre un autre ouvrier.

Halte là ! M. Laratisse est entré régulièrement au Crotting, il a des parrains sérieux, demi-sels titrés qui vivent de lui plus encore que du tenancier, et qui, au besoin, n'hésiteraient pas à le défendre. Car c'est à cela qu'entraîne le système du parrainage : ne pouvoir exclure le filleul sans froisser les parrains qui se rebiffent, réclament des explications, exigent des preuves. Or, des preuves, qui en fournira ? ça n'est pas M. Lafouine qui estime qu'on le vole, mais qui ne sait pas comment ; ça n'est pas non plus M. Tirelouis qui sait qu'on vole M. Lafouine, et qui sait trop comment.

Alors ?

Mettez-vous à la place de M. Tirelouis.

Ce qui lui arrive est très embêtant.

Que va-t-il faire ?

Feindre de n'avoir pas compris, ou bien défendre mordicus M. Laratisse, ou bien encore dire, comme le feraient les parrains de M. Laratisse :

— Apportez une preuve.

Evidemment, ce serait là un moyen.

Mais, ce moyen, M. Tirelouis ne l'emploiera pas, car il connaît les joueurs, et il sait qu'ayant excité la méfiance des poires, fût-il innocent, M. Laratisse doit disparaître du Crotting. Néanmoins, pour ne pas froisser les parrains de M. Laratisse et amener la zizanie dans le Comité, M. Tirelouis, ménageant la chèvre et le chou, passe avec le terrible M. Lafouine le compromis suivant : on fera disparaître M. Laratisse, mais pas tout de suite... à la longue... en douceur... afin *d'éviter le scandale.* Et le terrible M. Lafouine accepte le compromis, estimant, comme tout joueur, que ce qu'il y a de plus scandaleux pour *son Cercle !* ça n'est pas qu'on y vole (chose qu'il n'avouera jamais au dehors) mais qu'on le sache, ce qui pourrait en amener la fermeture.

Reste à présenter la frégate à M. Laratisse, et, pour cela, trouver un prétexte qui le dégoûte de séjourner plus longtemps au Crotting.

A ce prétexte, longuement, au cours de nuits sans sommeil, rêve M. Tirelouis.

Enfin ! il croit l'avoir trouvé.

En un jour de combine, un joueur a perdu 20.000 fr. et, pour payer, a emprunté à la caisse. Il a rendu dès le lendemain d'ailleurs, mais M. Tirelouis n'en veut pas convenir, feignant de vouloir faire sauter la commission de la brigade, ce qui, lui mettant à dos M. Laratisse et les combinards, amènera fatalement une scène, et, du moins M. Tirelouis l'espère-t-il, la rupture cherchée.

Comme bien on pense la scène a lieu, entraînant de part et d'autre, un échange d'aménités où des expressions fâcheuses s'entrecroisent, jusqu'au moment où M. Laratisse menace de tout casser, affirmant à M. Tirelouis que, si sa commission ne lui est pas remise, il se verra dans la déplorable nécessité, mettant fin à la discrétion qui le caractérise, de manger le morceau en douceur, c'est-à-dire, sans se compromettre, de colporter çà et là, sur le Boulevard, au hasard de la rencontre. quelques petites nouvelles concernant le Crotting.

Alors, plein d'une vertueuse indignation et prenant le ciel à témoin qu'on l'égorge, cette commission qu'on lui réclame, d'un geste noble M. Tirelouis la jette à la figure de M. Laratisse, criant :

— C'est bien, prenez, voilà!.. et que je ne vous revoie plus.

Et, intérieurement, il ajoute :

— Ouf! ça y est!!

Hélas! non, ça n'y est pas du tout.

Ça n'y est pas du tout, car si M. Laratisse a quelque petit défauts (et nous lui en connaissons plusieurs) la naïveté, tout au moins, n'est pas du nombre. Aussi, flairant le traquenard et changeant de tactique, assure-t-il à M. Tirelouis qu'il doit y avoir *quelque chose là-dessous*. On ne renvoie pas sans raison un homme rompu à toutes les séquences, qui pratique le tarotage et file la carte au besoin. Que diable! il connaît M. Tirelouis peut-être? Au fond c'est un brave homme. Quant à lui, Laratisse, il a toujours volé honnêtement les poires et partagé scrupuleusement les bénéfices. M. Tirelouis pourrait-il affirmer le contraire?

Non, M. Tirelouis ne le pourrait pas.

Alors qu'on s'explique... on verra après.

Et, pris par les sentiments, M. Tirelouis confesse dans quelle situation délicate il se trouve. On soupçonne M. Laratisse, il faut que disparaisse M. Laratisse.

Protestations véhémentes de M. Laratisse qui, pensant finir la saison d'hiver au Crotting, n'a pris d'engagement dans un Casino qu'à partir du 15 juillet. Il a même fait plus. Au Sfax, établissement des mieux côtés, on lui proposait, sitôt le Grand Prix, un travail rémunérateur. Or, confiant dans la parole de M. Tirelouis, il a, en son lieu et place, expédié son ami Fripouillas, qu'il doit ensuite remplacer de juillet à août. En lui fermant tout à coup le Crotting, contrairement à toutes les lois de l'honneur, M. Tirelouis oblige donc un honnête ouvrier à deux mois de chômage. Est-ce qu'on peut faire une chose pareille à un vieux frère d'armes ? Et, des larmes dans la voix. M. Laratisse évoque tous les beaux coups opérés ensemble, les poires dégraissées, le Crotting devenant grâce à lui, Laratisse, une merveilleuse machine à voler. Que diantre ! on n'oublie pas des services pareils, ou alors on n'est qu'un mufle.

Hélas! trois fois hélas !!! tous ces arguments, bien que présentés avec chaleur et conviction, ne

peuvent arracher M. Tirelouis à ce raisonnement :
on soupçonne M. Laratisse, il faut que disparaisse
M. Laratisse.

Aussi, écœuré de tant d'ingratitude. M. Laratisse, buté à son tour, oppose-t-il au tenancier
l'argument suivant :

— C'est vous qui avez fait entrer au Crotting
Lestampe et Lesbrouffe. J'y suis entré par mes
propres moyens, et j'ai fait recevoir Crapulos et
Jean Pile. Or, on ne peut rien prouver contre
nous, et je vous défie de nous faire mettre à la
porte. Nous y sommes... nous y restons.

Et, de même que nous avons eu le duel Laratisse-Lafouine, nous aurons le duel Laratisse et
sa brigade contre le tenancier, car MM. Lestampe
et Lesbrouffe eux-mêmes, bien qu'envoyés, on
s'en souvient, à M. Laratisse par M. Tirelouis,
appartiennent bien plus au philosophe, à l'ouvrier
qu'au tenancier qu'ils haïssent et méprisent
comme exploiteur. De plus, les combinards obéissent à l'esprit de corps, étant, bien qu'à un degré inférieur, de la grande famille des grecs qui a
son code, son honneur et ses coutumes, tout
comme les corporations ouvrières du Moyen-Age.

AVANT LA LUTTE

La petite scène à laquelle on vient d'assister
est symptômatique. Elle se produit, dans tout
Cercle, à un moment donné, et explique l'obligation déjà signalée où se trouve le tenancier de
passer la main quand il sent venir la grille. En
effet, si, dans la pratique de l'escroquerie, les
moyens employés sont impossibles à découvrir,
il n'en reste pas moins que ce sont toujours, ou à
peu près, les mêmes qui gagnent : d'où suspicion.
En temps ordinaire l'ouvrier se déplace, et il se
produit des échanges de Cercle à Cercle. A tout
autre moment de la saison, M. Tirelouis aurait
procuré à M. Laratisse une autre place, et tout
se serait arrangé à l'amiable. Mais, l'homme propose, et les événements disposent. Pris à l'impro-
viste, à un mauvais moment de la saison, M. Tirelouis, après avoir demandé et obtenu quelque
répit de la part de M. Lafouine, ne trouvant rien,
a cru faire un coup de maître en brusquant les
choses. A présent il est dans une situation terrible

car le grec qui s'incruste constitue pour le tenancier un péril d'autant plus grave que les fripouilleries faites en commun lui interdisent toute dénonciation à la police.

Alors... quoi faire ?

Engager une autre brigade ?

Vous sentez bien que cela est impossible, car, si une brigade s'était trouvée libre, au lieu de s'engager dans l'impasse où nous le voyons, M. Tirelouis aurait organisé un échange avec l'employeur de cette brigade. D'ailleurs, au point où il en est, une brigade vint-elle lui faire des offres de service, que ces offres M. Tirelouis ne les accepterait pas, persuadé, à juste raison, que les deux ouvriers s'entendraient plutôt pour le ruiner qu'ils ne se battraient à son profit. Enfin, les poires, qui regimbent déjà sous prétexte qu'elles ont vaguement conscience qu'on les vole d'un côté, ne supporteraient pas sans révolte les pertes énormes que leur imposerait un travail en partie double.

Donc, après mûre réflexion, M. Tirelouis, nouveau Cunctator, en revient au système de la temporisation, le seul dont il puisse attendre un résultat profitable.

En effet, dans la lutte entreprise, de quels moyens dispose M. Laratisse ?

Il en est un que tout le monde devine : entrer dans une séquence et la démolir, c'est-à-dire, s'apercevant que les cartes, au baccara en banque, ou au baccara chemin de fer, ne défilent que suivant un ordre préétabli, prendre la banque, et, en distribuant, rétablir l'ordre à son avantage, comme M. Laratisse l'a fait au compte du tenancier, ou plutôt de compte à demi avec le tenancier, et comme il peut le faire à son propre compte.

Oui, mais ce moyen est connu du tenancier qui, en désaccord avec M. Laratisse, préférera, ce dernier présent, ne faire passer que du jeu honnête ou jeu au flan. De plus, M. Laratisse étant soupçonné, il y a de grandes chances pour que, s'il prend la banque, personne ne veuille plus ponter, d'autant plus que, la suspicion qui l'entoure, M. Laratisse n'en saurait douter, sera savamment attisée par M. Tirelouis, dont le rôle consiste à présent à répondre à tous :

— Que voulez-vous ? c'est peut-être un voleur, mais... je n'ai pas de preuves.

De là à s'unir avec les joueurs honnêtes pour tâcher de surprendre en flagrant-délit M. Laratisse dont les accusations deviendraient sans valeur. émanant d'un escroc avéré, il n'y a qu'un pas, et, ce pas, M. Tirelouis aurait vite fait de le franchir, l'occasion aidant.

En attendant, la tactique de M. Tirelouis est simple.

Elle consiste, ne faisant plus passer que du jeu honnête, à prendre M. Laratisse par la famine, le hasard n'ayant jamais fait la fortune d'un joueur.

Comment, en de telles conditions, M. Laratisse pourra-t-il soutenir la lutte ?

C'est ce que nous allons voir.

DES DIVERS PROCÉDÉS QU'EMPLOIE UN OUVRIER AGISSANT, AVEC OU SANS SA BRIGADE, CONTRE LE TENANCIER

La Poucette

L'ouvrier, occupant un n° au tapis vert, fait sa mise en ayant soin d'employer toujours plusieurs jetons : un jeton d'un louis par exemple, et 25 ou 30 fr. en jetons de 5 fr.

Cette mise étalée, bien visible, devant lui, il garde dans la main deux ou trois jetons supplémentaires, disposés entre les doigts, comme ci-dessous : voir fig. 29.

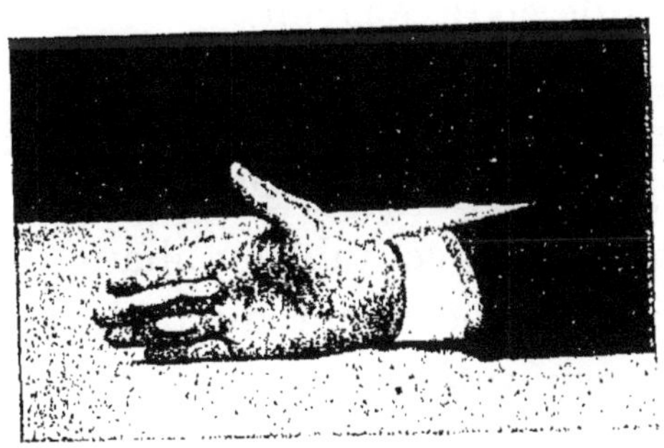

Fig. 29

(205)

Et maintenant supposons que, au baccara taille au marbre, l'ouvrier soit ayant-main. Le banquier lui a donné deux cartes qu'il examine soigneusement, sans découvrir son jeu, la main rapprochée du corps, et disposée comme ci-dessous : voir fig. 3o.

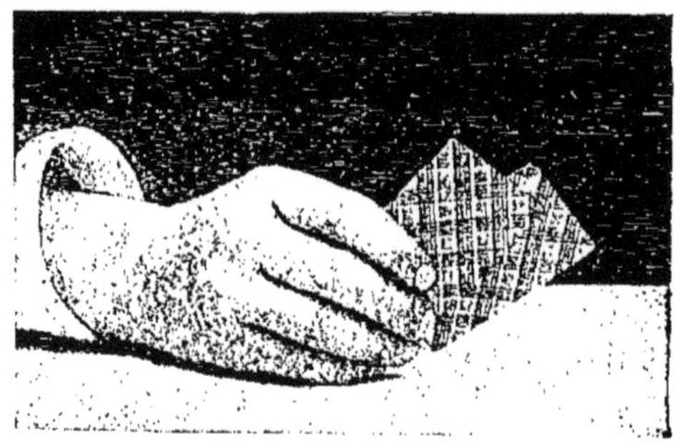

Fig. 3o

Alors, s'il s'aperçoit qu'il a 9, tout doucement, il laissera tomber sur le tapis deux jetons supplémentaires de 20 fr. chacun.

Si, à présent, l'ouvrier n'est pas ayant-main, ne croyez pas que, pour cela, il devra renoncer à la poucette. En effet, s'il se trouve au tableau de gauche, et que ce tableau abatte, le croupier et les joueurs s'occupant du tableau de droite, devenu le seul intéressant, le sort de l'autre étant établi, il a encore tout le temps nécessaire pour ajouter à sa mise les deux jetons supplémentaires.

Au moment de payer, le croupier s'apercevra d'autant moins de la chose que, d'une part, la rapidité des opérations doit être extrême, et que, d'autre part, en remboursant, comme il ne rembourse que ce qu'il y a en banque, arrivé au dernier joueur, s'il n'y a plus rien, il en sera quitte pour dire le néfaste :

— Ça ne va pas.

Cris, réclamations, vociférations !

Mais, allez donc vous y retrouver.

L'ouvrier a en poche les deux louis volés, et, plutôt que de les rendre, il se ferait arracher la peau du ventre.

L'EMPLÂTRE

Plus difficile que la poucette, qu'un simple combinard peut très bien pratiquer, l'emplâtre exige déjà cette habileté de main particulière que, seul, possède un bon ouvrier.

Au baccara taillé au marbre, l'ouvrier, confondu parmis les pontes, se trouve ayant main du tableau de gauche.

Le banquier lui passe deux cartes qui font 1 : soit 10 et as.

La banque a 7 soit : 9 et 8.

Le tableau de droite a 5 : soit reine et 5.

N'ayant qu'as, soit 1, il va de soi que l'ouvrier demande une carte.

On lui donne un 9 de trèfle retourné.

Il annonce son point, disant :

— Baccara !

Jusqu'ici, vous ne voyez guère l'avantage.

Attendez !

En examinant ses cartes, les mains ramenées au corps, ainsi que fait tout joueur pour éviter qu'on lise dans son jeu, l'ouvrier a laissé tomber une des trois cartes sur ses genoux et n'a laissé sur le tapis que les deux autres, *exactement accolées*, ce qui fait qu'elles n'en forment qu'une.

Instantanément, du bout de sa palette, le croupier enlève ces deux cartes qui n'en forment qu'une à l'œil, et qui pourraient tout aussi bien en former trois.

Or, les cartes ayant servi, une fois dans le pot, toute vérification devient impossible, et, pour l'ouvrier, tout danger d'être découvert a disparu.

Alors, sous prétexte de prendre son étui à cigarettes dans la poche de son veston, l'ouvrier y fourre la carte qu'il a laissé choir sur ses genoux.

Ce mouvement s'appelle : l'escanage.

Quand l'ouvrier a renouvelé quatre fois cette petite manœuvre, il a en poche quatre cartes, lesquelles seront, si vous voulez : un 9 ; un roi ; un 5 ; un as.

Dans sa poche, les quatre cartes seront disposées de la manière suivante : le roi ; le 5 ; l'as ; le 9.

Arrive une grosse suite.

Le banquier, ayant 100 louis devant lui, se lève donc, tout en disant :

— Il y a une suite.

Aussitôt, l'ouvrier s'écrie :

— Je vois la suite.

A ce moment, il a dans la main droite les quatre cartes dérobées, disposées dans l'ordre décrit.

Il les tient comme ci dessous : fig. 31, ce qui ne

Fig. 31

l'empêche nullement, quand les jeux sont faits, de
tailler de la façon la plus naturelle ; — voir ci-
dessous : fig. 32.

Fig. 32

De la main droite, il donne une carte à l'ayant-main du premier tableau ; de la main gauche, il donne une carte à l'ayant-main du deuxième tableau ; enfin, arrivé à son tour, feignant de trouver le talon trop serré (ce qui le gêne pour la distribution, assure-t-il), de la main droite, sous prétexte d'écartement : voir ci-dessous, fig. 33,

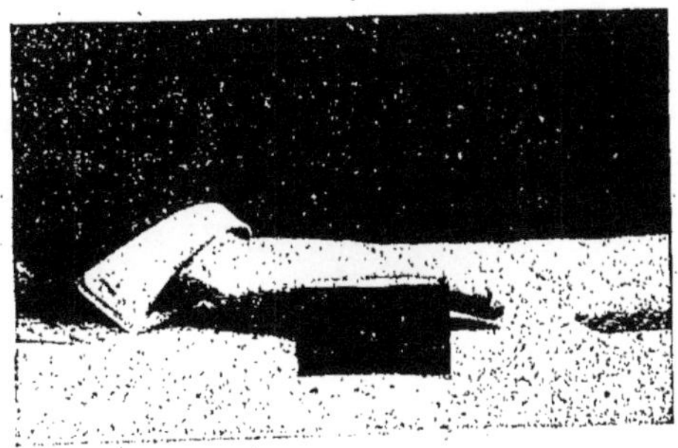

Fig. 33

il ajoute, sur ce même talon : le roi, le 5, l'as, et le 9.

Le talon est donc maquillé, tout comme s'il y avait eu séquence, et donne, à la distribution *continuée :*

Le roi pour la banque.

Le 5 pour l'ayant-main de droite.

L'as pour l'ayant-main de gauche.

Le 9 pour la banque.

Les 100 louis de la banque sont donc pour l'ouvrier qui se retire aussitôt, estimant ce coup trop hasardeux pour le renouveler le jour même.

L'EMPLATRE AU BACCARA CHEMIN DE FER

Au baccara chemin de fer, il est plus facile de prendre, d'un seul coup, un certain nombre de cartes.

En effet, la banque changeant de place à tout instant, si nous supposons que l'ouvrier qui en est à son tour de banque, vienne de perdre et qu'il passe la main, comme il le doit, au lieu de mettre sur le tapis la totalité des cartes qui lui restent (une vingtaine peut-être), il en gardera au hasard, deux, trois ou quatre d'un coup : ce qui pourra lui en demeurer aux doigts.

Lorsque, en deux, trois, quatre ou cinq fois, il aura pris 16 cartes au maximum, tout en se réservant sa place en y laissant soit ses gants, soit son étui à cigarettes, il se rendra poétiquement aux water-closets, et là, dans le silence des cabinets, propice au travail de tête, il disposera les cartes dérobées de manière à ce que, ayant une fois réintégré sa place au tapis vert quand reviendra son tour de prendre la banque, il abatte toujours 8 ou 9.

(213)

Pour cela, installé à nouveau, il se tient les bras croisés, dans une attitude aussi naturelle que possible par conséquent; — voir ci-dessous : fig. 34.

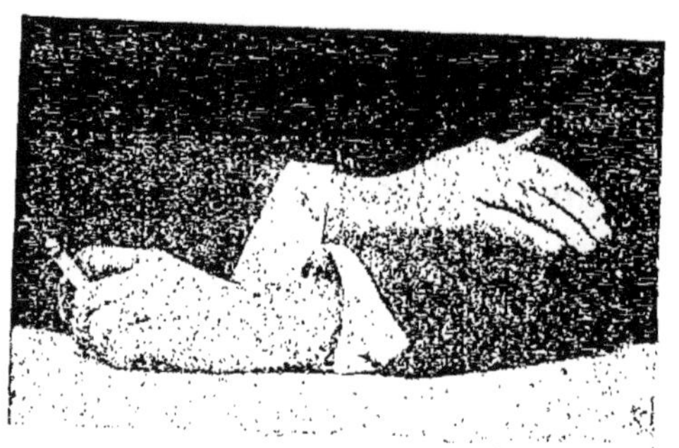

Fig. 34

Seulement, dans sa main droite, se trouvent, bien entendu, les 16 cartes indispensables à la future opération.

Après gain deux fois renouvelé, sur une banque de 100 louis, un banquier dit :

— Je passe la main.

Du bout de sa palette, le croupier fait passer les cartes devant les joueurs, disant :

— Il y a une main à cent louis.

Quand les cartes passent devant lui, l'ouvrier, innocemment accoudé, s'écrie :

— La main est prise.

Immédiatement, le croupier retire sa palette,

et l'ouvrier, décroisant les bras, rapporte sur le paquet déposé devant lui les 16 cartes qu'il tient de la main droite, tandis que de la gauche, étendue en sens inverse, il crée un double mouvement, de nature à troubler tout regard indiscret, et que les escrocs du jeu appellent, dans leur argot : une coupure, ou bien encore : une diversion ; — voir ci-dessous : fig. 35.

Fig. 35

Aussitôt après ce mouvement, exécuté avec une rapidité telle que, seule, la reproduction cinématographique pourrait en donner l'illusion, l'ouvrier reprend la position naturelle du joueur, tenant les cartes de la main gauche, et tirant de la droite.

Admettons, maintenant, que les 16 cartes dérobées aient été disposées de la manière suivante :

roi — 5 — 6 — 4 — 7 — 4 — 10 — 4 — 2 — 9 —
6 — reine — 3 — valet — 3 — 8.

Les coups successifs donneront :

1° : roi à la ponte — 5 à la banque.
2° : 6 à la ponte — 4 à la banque.

La banque gagne par 9 contre 6, et atteint 200 louis.

1° : 7 à la ponte — 4 à la banque.
2° : 10 à la ponte — 4 à la banque.

La banque gagne par 8 contre 7, et atteint 400 louis.

1° : 2 à la ponte — 9 à la banque.
2° : 6 à la ponte — reine à la banque.

La banque gagne par 9 contre 8, et atteint 800 louis.

1° : 3 à la ponte — valet à la banque.
2° : 3 à la ponte — 8 à la banque.

La banque gagne par 8 contre 6, et atteint 1.600 louis.

Inutile d'ajouter qu'après cela l'ouvrier dit :
— Je passe la main.
Et qu'il disparaît... non sans être passé à la caisse bien entendu.

LE 9 DE CAMPAGNE
A FAIRE AUX DEUX GENRES DE BACCARA
MAIS PRINCIPALEMENT AU BACCARA
EN BANQUE

Exige l'adjonction d'un combinard, assis à la gauche de l'ouvrier et appelé : le dessert, parce que, au moment voulu, il dessert ou enlève toute carte que l'ouvrier laissera tomber sur ses genoux.

Dans la petite salle des jeux où il n'y a pour ainsi dire, aucune surveillance, l'ouvrier a subtilisé, en y mettant le temps (quinze jours peut-être) une dizaine de 9.

Or, un beau soir, accompagné de son fidèle combinard, il s'installe au tapis, tenant, dans sa main gauche, un des fameux 9, précédemment subtilisés dans la petite salle des jeux.

Il est ayant-main du deuxième tableau, et le banquier lui a donné deux cartes.

Ces deux cartes qu'on lui a remises, l'ouvrier les a vues, et, comme l'une est une bûche et l'autre un 3, il a placé la bûche sur le 3, jeu couvert : c'est-à dire figure contre tapis.

Ceci fait, à l'aide de sa main gauche (qui contient, on le sait, le 9 indispensable à l'opération) il a porté dans sa main droite les deux cartes qui lui reviennent honnêtement : la bûche et le 3.

Ce mouvement préliminaire exécuté, comme font tous les joueurs, il file ses deux cartes, ce qui revient à dire que, petit à petit, l'air absorbé, il fait glisser la première carte sur la seconde, dont il est censé ignorer le point, feignant l'émotion ordinaire des joueurs, lequel essaye toujours de se cacher, le plus longtemps possible, qu'il a un mauvais jeu.

Bien connue des habitués du Cercle, une telle comédie ne peut étonner personne, et à ce moment, les positions respectives de l'ouvrier et du combinard répondent à l'aspect ci-dessous : voir fig. 36.

Regardez bien les deux larrons.

L'ouvrier examine ses cartes avec une attention telle qu'un tremblement de terre ne parvien-

Fig. 36

drait pas à le détourner de leur contemplation ;
le combinard, une main sous la table (et pour
cause !) semble s'intéresser vivement à quelque
chose qui se passe devant lui ; cependant, ne vous
y trompez pas, il ne perd aucun des mouvements
de l'ouvrier.

Or, à l'ouvrier, on a donné, à la distribution, une
bûche et un trois, et, comme, à moins d'une chance
rare, il ne peut gagner avec un tel point, il laisse
tomber sur ses genoux le 3, et garde la bûche
augmentée du 9 qui, *dès son installation au tapis,*
garnissait frauduleusement sa main gauche.

A ce moment, le combinard, feignant de croire

à une interpellation du voisin de gauche, se retourne, questionnant :

Fig. 37

— Vous dites, Monsieur ?
— Moi?.... rien.
— Ah! pardon... je croyais.

Ça y est, le tour est joué, car le combinard, en
même temps qu'il feignait de croire à une interpellation du voisin de gauche, enlevait dextrement
et fourrait dans la poche droite de son veston la
carte prise sur les genoux de l'ouvrier, bien tranquille à présent, car, à supposer que survienne
une contestation, il n'a plus, en réalité, que deux
cartes entre les mains, et, s'il a fait banco, il ra-

masse la totalité de la banque, ce qui provoque sa sortie, et, bientôt après, celle du combinard.

Et maintenant quittons, pour n'y plus revenir, la poucette, l'emplâtre au baccara taille au marbre l'emplâtre au baccara chemin de fer, le 9 de campagne, tous moyens que connaît et pratique, au besoin, M. Laratisse, mais qu'il dédaignera d'employer en la circonstance, car il lui faut, pour sortir du Crotting avec les honneurs de la guerre, quelque chose de grand ! un de ces coups d'audace qui étonnent et stupéfient, un tour à la Scapin : ce prince des escrocs ! !

LE GRAND ÉTOUFFAGE !!

C'est ici le fin du fin, le triomphe de l'Art ! la gloire du métier !! le coup le plus dangereux. Mais aussi, quand on a pu le faire, on est un maître... et M. Laratisse est incontestablement un maître.

Que l'on n'aille pas croire, d'ailleurs, que si M. Laratisse a renoncé à la poucette, aux emplâtres et au 9 de campagne, ce soit uniquement par dédain. Non, il est trop pratique pour cela, et, si l'un de ces moyens avait dû lui fournir les ressources nécessaires au bon équilibre de son budget, évidemment il y aurait eu recours ; mais, ces moyens, il ne peut les employer : ce, pour toutes sortes de raisons qu'il est utile d'expliquer.

Au fond, la poucette, susceptible de faire gagner deux ou trois louis par jour, est d'un rendement misérable ; — n'insistons pas.

L'emplâtre au baccara en banque exige que l'ouvrier soit ayant-main, qu'il dérobe quatre fois de suite une carte, au nez et à la barbe des pontes et du croupier, qu'il prenne la banque, maquille

le talon, et tout cela qui, en temps ordinaire, serait un jeu pour M. Laratisse, lui est rendu particulièrement difficile au Crotting où, grâce aux
propos inconsidérés de M. Lafouine, on le surveille
étroitement, et où il ne peut plus compter sur la
protection du tenancier, M. Tirelouis étant tout
disposé, à l'heure actuelle, à répondre : « Tue ! »
à ceux qui disent : « Assomme ! » De plus, s'il se
mettait en banque, il y aurait de grandes chances,
nous l'avons déjà dit, pour que les pontes se refu-
sent à miser, et, après un tel affront, il serait
impossible à M. Laratisse de se présenter à nouveau.

L'emplâtre au baccara chemin de fer exige la
subtilisation de 16 cartes, une poétique promenade
aux cabinets d'aisance et le malheur du temps
veut qu'au Crotting M. Laratisse ne puisse plus
céder aux exigences de la nature sans qu'aussitôt
un tas de gens se disent : « Pourquoi ? » comme
si la chose les regardait. De plus à nouveau, ces
16 cartes, c'est comme banquier qu'il devrait les
prendre, comme banquier qu'il devrait s'en servir
en maquillant le talon. Décidément, plus encore
que l'emplâtre au baccara taille au marbre, l'emplâtre au baccara chemin de fer est devenu
malsain pour M. Laratisse.

Reste le 9 de campagne où il faut être ayant-

main, comme à l'emplâtre au baccara en banque,
et qui, impossible à renouveler dans un milieu
devenu méfiant, exigerait, pour qu'il valût la
peine d'être tenté, que M. Laratisse fît le banco.
Or, si, à l'annonce du banco, le banquier refusait de tenir le coup, ce serait encore là, pour
M. Laratisse, un genre de camouflet lui rendant
impossible le séjour au Crotting.

Comme on peut le voir, si la situation de
M. Tirelouis n'est pas des plus gaies, celle de
M. Laratisse n'est pas des plus roses non plus.

Néanmoins, il peut toujours entrer au Crotting,
car, si on le soupçonne, on ne peut rien prouver
contre lui.

A présent, que va-t-il faire ?

Renoncer à la lutte ?

Jamais de la vie ! quand on a charge d'âmes,
et si M. Laratisse n'a pas, comme la femme de
Sganarelle, quatre pauvres petits enfants à nour-
rir, par contre il a quatre combinards à entretenir,
lesquels, doués d'un excellent appétit, mangent
gros et boivent sec. Or, avec ses combinards,
M. Laratisse a pris des engagements qu'il doit
tenir, car il est chef de brigade, et entend le demeurer ; — il y va de son honneur !

Dès lors, la question se pose à nouveau, comment va-t-il procéder ?

Doit-il renoncer à tout jamais, à prendre la banque ?

Non pas ! car ça n'est qu'en prenant la banque, sur une forte suite, qu'il pourra pratiquer le grand étouffage : triomphe de l'Art ! sa suprême et son unique ressource dans la glorieuse lutte entreprise.

Alors ?

Alors, cette banque qu'on lui refuserait dans les conditions ordinaires, il s'en emparera de force ou, ce qui revient au même, par surprise. Mais, pour cela, il faut du temps, car la chose demande à être soigneusement préparée. Du temps ? M. Laratisse en prendra, ayant un mois devant lui. Doit-on regarder à quelques semaines quand il s'agit d'une action d'éclat ? A Boulogne, Napoléon a bien mis un an à organiser l'invasion de l'Angleterre qui, du reste, fut une opération ratée. M. Laratisse mettra trois semaines à préparer le grand étouffage, et, avec lui, soyez-en sûr, l'opération réussira.

Maintenant, qu'est-ce que le grand étouffage ?

Ce coup mirifique exige, outre la présence de l'ouvrier, celle de deux combinards ayant pris place, longtemps à l'avance, à gauche et à droite de la banque. Le combinard de gauche est le dessert, dont vous connaissez la raison d'être ;

le combinard de droite est le mur, ainsi appelé parce que, l'ouvrier une fois devant le marbre, il en masquera les agissements aux joueurs de droite.

Une suite se produit, à 15 ou 20.000 fr.

L'ouvrier prend place, ayant déjà dans la main, non plus une, mais deux cartes formant 9.

Les cartes distribuées, instinctivement, les joueurs s'occupent des ayant-main de droite et de gauche.

Profitant de la chose, l'ouvrier, prenant sur le tapis les deux cartes qu'il s'est données, les tient dans sa main gauche, laquelle main gauche il masque à l'aide de la droite contenant les deux cartes supplémentaires ; — voir ci-dessous : fig.38.

Fig. 38

(226)

Dans cette position, il laisse glisser sur ses genoux les deux cartes de la taille que ramasse et fait disparaître le dessert.

Alors seulement l'ouvrier abat, s'écriant :

— Neuf !

Or, exécuté avec la connivence du tenancier, ce coup exige déjà, de la part de l'ouvrier, une audace peu commune, et nous savons quels périls attendent M. Laratisse qui, maintenant, au Crotting, a contre lui, outre les joueurs honnêtes, le tenancier.

Aussi, après la fameuse scène avec M. Tirelouis, M. Laratisse, a-t-il bien soin de disparaître, annonçant aux amis et connaissances que, vu le charme tout spécial du printemps cette année, il éprouve le besoin d'aller se mettre au vert de bonne heure. Et la nouvelle s'en répand, joyeuse pour les joueurs, réconfortante pour M. Lafouine. Seul, M. Tirelouis demeure perplexe, se disant à son tour :

— Il y a quelque chose là-dessous.

Car, pas plus que M. Laratisse, M. Tirelouis ne ne pêche par excès de naïveté, et il connaît trop son homme pour ne pas craindre, de sa part, un retour offensif.

Mais à quel moment ?

— *That is the question !* comme le proclame

superbement Hamlet, prince de Danemark.

En attendant, M. Tirelouis accepte les compli-
ments de M. Lafouine et des joueurs honnêtes, se
félicitant avec eux du départ inespéré de M. Laratisse. Néanmoins il demeure sombre, s'attendant
tous les jours à l'apparition de l'ouvrier, comme
Macbeth s'attendait à l'apparition de Banco.

D'ailleurs, si la tranquillité avait pu réintégrer
l'âme de M. Tirelouis, la présence obstinée des
combinards aurait eu vite fait de l'en exclure. Car,
indice redoutable! ils sont toujours là, les bons
drilles, et M. Tirelouis ne peut les chasser. En
effet, parlant des combinards, dira-t-il aux joueurs
honnêtes qu'il les soupçonne eux aussi, d'être
filous? Evidemment non, ou bien alors on pourrait
lui répondre :

— Ah! ça, votre maison est donc une caverne?

D'ailleurs, n'est-ce pas M. Tirelouis qui a sollicité
l'admission de MM. Lestampe et Lesbrouffe, et
leur a trouvé des parrains honorables? Et
MM. Crapulos et Jean Pile n'ont-ils pas également
des parrains? On ne pourrait toucher au quatuor
sans provoquer les réclamations de huit personnes
déchaîner l'orage au sein du Comité, compromettre
gravement l'avenir du Crotting. Tout cela,
M. Tirelouis s'en rend compte. Aussi, quand on le
congratule relativement au départ de M. Laratisse,

s'il sourit c'est d'une manière guindée, comme un homme dont on vient d'écraser les orteils, à qui l'on demande : « Vous ai-je fait mal ? » et qui répond : « Du tout ! du tout !!... au contraire. »

Et, à quoi s'occupent les combinards, en l'absence de M. Laratisse ?.

Mon Dieu ! ils travaillotent, pratiquent la poucette, ou bien encore, si M. Tirelouis qui ne veut plus les employer se méfiant d'eux, installe un demi-sel à la banque, comme ils ont vite fait de reconnaître la séquence employée, ils ne pontent qu'à coup sûr, mais à leur seul profit maintenant, sachant quel tableau doit gagner ou perdre. Il faut bien s'entretenir la main, n'est-ce pas ? et, avant tout, ne pas mourir de faim.

Et M. Tirelouis, qui assiste à tout cela ne peut souffler mot.

D'ailleurs, reconnaissons-le, s'il ne craignait rien d'autre que les menues fripouilleries des combinards à son détriment, il s'en arrangerait encore, l'envahissement d'un Cercle ou d'un Casino par des grecs ennemis étant chose prévue, et acceptée d'avance.

A ce propos, une anecdote.

Dans un Casino où se pratiquait, en toute tranquilité, la séquence 32 en 5 du baccara chemin de fer, arrive un beau jour un grec qui maquille le talon d'un superbe emplâtre de 16 cartes, à l'aide duquel notre homme dégraisse les pontes d'une dizaine de mille francs. Emoi du personnel et, surtout, du tenancier, qui fait appeler le grec, et excipant du règlement, lui demande qui il est, ajoutant :

— Où sont vos papiers ?

— Mes papiers ? ils sont sur le tapis, vous pouvez les y chercher si cela vous fait plaisir, répond le grec sans s'émouvoir.

Mot extraordinaire d'impudence, si l'on réfléchit que par « papier » les grecs désignent les cartes dont ils se servent pour le « travail. »

Un fermier des jeux honnête ferait immédiatement arrêter l'homme qui lui opposerait une telle réponse. Mais, que peut bien faire, contre cet homme, un fermier des jeux pratiquant l'escroquerie ?... Rien, évidemment. Et c'est parce qu'ils se rendent compte de la chose, que les grecs sans engagement s'introduisent, l'été, dans les Casinos, et y travaillent impunément à leur compte, ce qu'ils appellent : *manger du gâteau;* c'est-à-dire prélever une dîme sur l'escroquerie en cours. Le coup fait, le grec va plus loin, et nulle part, aucun fermier des jeux ne le dénoncera, car avant de se risquer au travail, il va de soi que le personnage, examinant l'endroit, a pris soin de s'assurer qu'on y dégraissait les poires. En hiver, il en est de même, quoique dans une proportion moindre, dans les Cercles, ce qui explique que, somme toute, M. Tirelouis, s'il ne craignait quelque chose de pire, s'accommoderait encore de voir les combinards lui manger du gâteau, puisque en rompant avec M. Laratisse, il leur a retiré le pain de la bouche, et qu'il faut que tout le monde vive.

Cette digression faite, revenons à M. Laratisse qui rôde, ennemi invisible et d'autant plus redoutable, dans l'ombre du Crotting, empoisonnant les veilles de M. Tirelouis, lequel en perd toute bonne humeur.

Pourtant, M. Laratisse est bien à la campagne, mais pas loin, en Seine-et-Oise, et, de temps à autre, il vient à Paris, à moins que ce ne soient les fidèles de sa brigade, ou quelques demi-sels du Crotting, qui se rendent chez lui.

Et là, en Seine-et-Oise, tout en prenant l'apéritif, de quoi parleraient ces messieurs, si ce n'était de l'opération projetée, du fameux grand étouffage ! ?

Lentement, mais sûrement, le coup se prépare.

Un demi-sel est allé en Amérique d'où il charrie une poire : un marchand de cochons de Chicago, tout matelassé de bank-notes. Le commerçant arrive, débarque au Havre, prend le train pour Paris, accompagné de M. le baron demi-sel dont nous avons fait connaissance au début de ce livre. M. le baron descend, comme par hasard, au même hôtel, et, complaisamment, fait inscrire le citoyen du Nouveau-Monde au Crotting, où M. Tirelouis l'accueille avec son plus aimable sourire. C'est un espèce de géant, au poil roux, aux épaules massives, à la mâchoire carrée : une mâchoire de bouledogue, garnie de dents aurifiées. Il ne prend jamais la banque, baragouinant un français incompréhensible, mais fait toujours le banco, à condition, toutefois, que la banque soit très forte : histoire de prouver aux Latins la supériorité de la race anglo-saxonne. D'ailleurs, il s'est fait inscrire chez Berlitz, et demeure persuadé que, pour ce qui est de la langue française, en trente leçons, il en verra la farce. Alors, rompu à toutes les finesses du dialecte, il prendra la banque.

Obligeamment, M. le baron demi-sel, qui a déjà touché une commission du tenancier, prévient de la chose M. Laratisse, afin, le cas échéant, de toucher aussi une commission de ce côté, car, cela va de soi, quant à toucher des commissions autant n'est-ce pas ? en toucher le plus possible.

Il est temps d'agir.

Donc, trois semaines après sa disparition, vers minuit, afin d'être sûr de tomber en pleine action, M. Laratisse se présente au Crotting. Il grimpe l'escalier de pierre à tapis rouge donnant sur la voie publique, pénètre au vestiaire, se débarrasse de sa canne et de son pardessus, et, quelques minutes, examinant du coin de l'œil les larbins qui chuchotent entre eux... il attend.

Il attend quoi?

Ah ! voilà! M. Laratisse, bien que considérant comme un simple travail les agissements auxquels il se livre, a l'âme d'un joueur, ce qui revient à dire qu'il est superstitieux à la manière de ces bandits italiens qui guettent un voyageur en égrenant leur chapelet, et lui plongent un couteau dans le ventre en disant merci à la Sainte Vierge. Or, la superstition de M. Laratisse réside en certaines préférences musicales, et, comme le Crotting donne au-dessus d'un café où l'on aggrave de tristes harmonies l'empoisonnement quotidien de la clientèle, M. Laratisse attend, avant de pénétrer dans la grande salle des jeux, que parviennent à ses oreilles les premières notes d'un motif favorable. Enfin ! retentissent les accords préliminaires de « Sambre-et-Meuse », et, ragaillardi, le cœur tout gonflé d'héroïsme, M. Laratisse effectue son entrée dans la grande salle des jeux.

Le moment ne pouvait être mieux choisi.

En effet, au Crotting, les poires, un instant refroidies par la chance opiniâtre de M. Laratisse, se sont remises à ponter ferme depuis le départ de ce dernier, et la venue de l'Américain richissime n'a pas été, bien au contraire, pour réfréner cette ardeur.

A l'instant précis qui nous occupe, en cinq coups heureux, M. Lafouine qui a pris la banque, rendu audacieux par la persuasion que grâce à lui, le Crotting est indemne de toute présence malhonnête, a vu sa mise s'élever progressivement de 100 à 3.200 louis. Il est donc à la tête de 64.000 fr. gagnés de façon probe, et comme en dépit de la veine, il garde son sang-froid, estimant déraisonnable d'aguicher plus longtemps le sort, il se lève disant :

— Il y a une suite.

Or, tenant la banque, M. Lafouine, en vertu d'un petit arrangement préalable qu'il ignorait, avait à sa gauche M. Crapulos, lequel doit opérer en qualité de dessert si M. Laratisse parvient à s'installer au marbre. Quant à M. Jean Pile, destiné à faire le mur, le hasard des circonstances a voulu qu'au lieu de pouvoir prendre le n° 1, directement à la droite du banquier, il ait dû se contenter du n° 2, le baron de Lagourde occupant le n° 1.

Evidemment, il y a là une circonstance défavorable, mais comme le grand étouffage peut, au

besoin, s'exécuter sans la présence du mur; comme
M. Laratisse sait que le baron de Lagourde n'a
pas volé son titre ; comme, s'il réussit à s'emparer
de la banque, ce ne peut être que par surprise et
parce que l'Américain fera banco, ou le solde de
la banque, il paye d'audace et, jouant des coudes
parmi les pontes qui se tiennent debout autour
du tapis, il s'avance disant :

— Je vois la suite.

Un aréolithe tombant dans une mare à grenouilles n'y produirait pas un remue-ménage pareil à
celui que provoque, dans la grande salle des
jeux du Crotting, le retour inattendu de M. Laratisse. Instantanément, sur les faces s'expriment
toutes les nuances de la surprise, de l'indignation
de la fureur, de l'ahurissement, voire même de
l'admiration. Mais, de cela, M. Laratisse ne s'in-
quiète guère. Il s'installe donc face au marbre, le
chapeau melon ramené en avant, fouille dans la
poche intérieure de son veston, et en sort un
portefeuille d'où il extrait soixante-quatre billets
de mille que, d'un geste autoritaire il pousse devant le croupier.

— Changeur? de la monnaie, dit impérativement le croupier.

Aussitôt, le changeur remet en jetons, au
croupier, l'équivalent des soixante-quatre billets

de mille dont il s'empare, et qu'il porte vivement
à la caisse, afin d'y renouveler le montant des
espèces.

Un silence de mort a remplacé l'animation précédente, silence que trouble seule l'exclamation
d'un ponte qui s'écrie, tout à la fois émerveillé et
abasourdi :

— Il en a un culot !

Mais, déjà, le changeur est de retour, et, sur les
jetons apportés, le croupier prélève le 10 o/o, soit
320 louis qu'il enfourne dans la cagnotte.

— Croupier? faites faire les jeux, dit tranquillement M. Laratisse.

— Messieurs, faites vos jeux, obtempère le
croupier : 940 louis à droite, 940 louis à gauche.

C'est l'instant décisif, et M. Laratisse, bien
qu'indifférent en apparence, sent tout de même
battre dans sa poitrine, à coups précipités, son
cœur de gredin. Pour se procurer soixante-dix
mille francs, de manière à prendre la banque
coûte que coûte, il a dû en dehors de ses ressources personnelles (environ 10.000 fr.) frapper à
toutes les portes. D'abord, la brigade a marché,
car, dans le grand étouffage, vu la gravité du coup,
l'ouvrier exige que le dessert fasse la plus grosse
part de la mise : histoire de lui apprendre à enlever en temps voulu les cartes tombées. Donc, en

se saignant aux quatre membres, en empruntant à tous les demi-sels de connaissance, qu'il a fallu intéresser dans l'affaire, MM. Crapulos, Jean Pile Lestampe et Lesbrouffe ont réuni 35.000 fr. M La-ratisse s'est procuré le reste (19.000 fr.) en empruntant, lui aussi, à des ouvriers qui lui sont venus en aide, épousant sa querelle contre le te-nancier, l'ennemi commun, l'exploiteur du talent d'autrui, la bête exécrée des philosophes.

Supposez, maintenant, que, en dehors de MM. Crapulos et Jean Pile, qui possèdent chacun 100 louis pour ponter, personne ne veuille mettre devant soi; pour M. Laratisse la situation est nette : il est perdu à tout jamais et ne pourra plus se représenter dans aucun Cercle, ayant raté son coup. Certes ! il faudrait bien lui rendre sa mise, et, de ce côté, les combinards, ainsi que tous ceux ayant mis dans l'affaire par esprit de corps et en pré-vision d'un bénéfice, n'auraient rien à perdre; mais, le lendemain, parlant de Laratisse, ils di-raient :

— Il est... foutu.

Et, en effet, Laratisse serait... foutu, ayant perdu son auréole de général toujours vainqueur.

Aussi est-ce avec une angoisse compréhensible que, en dépit de son allure calme, l'aventurier attend que se décident ou non les poires.

Elles ne se décident pas, les poires.

Il n'y a que le baron de Lagourde qui mette 200 louis, entraînant MM. Crapulos et Jean Pile, décidés à ne pas ponter seuls,(ce qui les compremettrait), à miser le premier 100 louis,le second 180.

Alors, dédaigneusement, sur toutes les faces hostiles, M. Laratisse promène un regard méprisant, semblant dire :

— Eh bien quoi ? vous avez peur, Messieurs ?

Aussitôt, comme mû par un ressort, l'Américain, installé au tableau de droite, n° 6, à côté du croupier, par conséquent face à M. Laratisse, se redresse, criant avec un accent pitoyable, en dépit de la maison Berlitz :

— Banco !

Ça y est ! l'enfant du Nouveau-Monde a donné dans le panneau.

Tout n'est pas fini, cependant.

En effet, M. Lafouine, faisant de l'exclusion de M. Laratisse une affaire personnelle, réclame, en vertu du règlement qui l'y autorise, puisqu'il tenait la banque précédemment, le n° 1, c'est-à-dire la première place à la droite du nouveau banquier.

Le baron de Lagourde cède donc sa place à M. Lafouine qui s'y installe, se disant :

— Si cette crapule triche, je le verrai.

Voilà donc M. Laratisse, non-seulement privé du mur protecteur, mais ayant à sa droite un argus qui ne quittera pas ses mains des yeux, ses mains dont l'une contient (reliquat des escroqueries passées) les deux cartes formant 9.

M. Laratisse va-t-il s'abandonner au désespoir et feindre une syncope, ayant remis en poche les deux cartes dérobées ?

Si vous croyez cela, c'est que vous connaissez mal M. Laratisse, et que vous ignorez M. Jean Pile. Dans la lutte engagée, il a été décidé que ce serait le philosophe ou le tenancier qui crèverait.

C'est le tenancier qui crèvera.

Comment cela ?

Regardez ci-dessous : fig. 39.

Fig. 39

Comme dans la figure 35, l'ouvrier, c'est-à-dire M. Laratisse, est encadré, à main gauche, d'un personnage qui, une main sous la table (et pour cause !) semble s'intéresser vivement à quelque chose qui se passe devant lui.

Comme dans la figure 37 (*explication de la ténue des cartes pour le grand étouffage*), M. Laratisse, prenant sur le tapis les deux cartes qu'il vient de se donner à la distribution, les tient dans sa main gauche, laquelle main gauche il masque à l'aide de la droite contenant les deux cartes supplémentaires.

A la même minute, de l'autre côté du tapis, au n° 6, voisinant avec le croupier, tout comme M. Laratisse, l'Américain examine son jeu ; seulement, comme il est honnête, le citoyen du Nouveau-Monde n'a entre les mains que les cartes, que, du bout de sa palette vient de lui passer le croupier, c'est-à-dire quatre valeurs : 2 pour le tableau de droite, 2 pour le tableau de gauche, l'Américain tenant à lui seul le montant de la banque, puisqu'il a fait le banco.

A la droite de M. Laratisse se trouve, argus méfiant, M. Lafouine qui renversé en arrière de façon impertinente, les deux mains posées à même le tapis, examine ce que fait le banquie-philosophe qu'il ne perd pas de l'œil.

(240)

Or, détail d'une importance extrême, à la droite de M. Lafouine, argus méfiant, se trouve un quatrième personnage, qui, tout en fumant un cigare s'entretient avec son voisin de droite, invisible dans la figure, mais dont la présence se devine.

Ce quatrième personnage est le mur (M. Jean Pile) que les événements ont empêché d'occuper le n° 1, et qui, faute de mieux, occupe le n° 2. Quant au personnage assis directement à la gauche de M. Laratisse, c'est le dessert : M. Crapulos.

Ceci établi, nous avons donc (fig. 38) allant de droite à gauche :

1° : Le dessert : M. Crapulos.
2° : L'ouvrier : M. Laratisse.
3° : L'argus : M. Lafouine.
4° : Le mur : M. Jean Pile.

D'où il s'ensuit que, pour pratiquer le grand étouffage, le premier rôle n'appartient plus au dessert, mais au mur dont la fonction nouvelle, désormais toute tracée, consiste à détourner des mains de l'ouvrier les yeux de l'argus.

De quelle manière va s'y prendre M. Jean Pile pour accomplir ce prodige ?

Oh ! de la manière la plus simple.

Regardez plutôt ci-dessous : fig. 40.

Fig. 40

M. Jean Pile tout en continuant la conversation avec le voisin de droite, éprouve le besoin de secouer la cendre de son cigare dont il porte le bout enflammé sur la main de M. Lafouine, qui, naturellement braille comme un putois.

Rumeurs ! tout le monde s'émeut, y compris M. Laratisse et M. Crapulos que navre l'accident survenu à M. Lafouine. Au besoin, M. Laratisse qui, au Crotting, n'a jamais adressé la parole à M. Jean Pile, non plus qu'à M. Crapulos, criera plus fort que tout le monde, disant à M. Jean Pile en train de se confondre en excuses :

— Que diable ! Monsieur, quand on fume on regarde où l'on jette sa cendre !!

Et M. Laratisse peut d'autant mieux s'indigner que, au moment où il le fait, il y a belle lurette que M. Crapulos, profitant de la diversion, l'a débarrassé des deux cartes qui lui encombraient les genoux : un deux et un trois.

Aussi, le calme rétabli, est-ce en toute sérénité que l'escroc abat, disant :

— Neuf !

Au même instant, l'Américain abat de son côté, ayant 8 à droite, et 6 à gauche.

Les 64.000 fr. sont donc pour M. Laratisse qui a gagné sur les deux tableaux, et qui naturellement se lève, disant :

— Il y a une suite.

A ce moment, palette en main, le croupier se dandine sur sa chaise, faisant aller sa tête de haut en bas, et tout, dans son attitude, depuis le regard émerveillé qu'il adresse au marbre jusqu'à la lippe que fait sa lèvre inférieure en avançant sur la supérieure, tout dans son attitude, signifie :

— Voilà du beau travail :

Et là-dessus, la conscience tranquille, après avoir distribué, sous forme de jetons, le fin pourboire au croupier et au changeur, après être passé à la caisse, plus fier qu'Artaban, soutenant, sans rougir, les regards admiratifs ou méprisants attachés à sa triste personne, M. Laratisse sort du Crotting.

On ne l'y reverra plus.

Vous vouliez connaître le bandit dans toute son ampleur ?

Vous le connaissez !

COMMENT S'EXPLIQUE LE TRIOMPHE
DE M. LARATISSE

Ainsi, grâce à sa présence d'esprit, à son adresse manuelle, à une connaissance remarquable de l'envers du cœur humain, seul ou presque seul, un homme a pu lutter contre toute une organisation, et la vaincre, sans qu'il soit possible d'exercer contre lui la moindre représaille. Voilà qui, mieux que toute théorie, démontre l'immoralité de cette organisation spéciale dénommée Cercle.

En effet, prenons au hasard, en Europe, un état social quelconque, et nous nous apercevrons bien vite que, quelles que soient ses tares et ses injustices, il est assez rare, somme toute, que le voleur, l'assassin, le délinquant en un mot, y échappe longtemps à la vindicte publique. D'où cela provient-il, sinon de ce fait que cet état social avec toutes ses imperfections, n'en constitue pas moins un contrat, perfectible sans doute, mais accepté par presque tous comme nécessaire, donc légitime aux yeux du plus grand nombre ? Conséquence : impossibilité pour le réfractaire, de remonter le courant; impossibilité de se maintenir longtemps en état de révolte; impossibilité de vivre.

Au Cercle, rien de tout cela. Le grec vole, le combinard vole, le demi-sel vole, le tenancier vole, son personnel vole, tout le monde vole, et la loi n'intervient jamais. Pourquoi? parce que la loi prisonnière du principe moral : *l'argent doit être le produit du travail*, ne peut admettre le jeu. Néanmoins ce jeu que la Loi ne put admettre, elle le tolère : donc la Loi est coupable. Il n'y a pas à s'insurger, à crier, à discutailler, la Loi, en tolérant le jeu d'une part, et en se refusant à reconnaître comme légitimes les dettes de jeu d'autre part, s'insurge contre elle-même, dénonce le pacte qu'elle a charge de défendre, encourage le vol. Car, en dépit de tous les sophismes, l'homme qui emprunte 3o.ooo fr. à un croupier, se refuse à les lui rendre, se laisse traîner en justice et en revient acquitté, cet homme est en droit de dire :

— Si je vole, c'est en vertu de la Loi.

Dès lors, nous en revenons à notre affirmation première : si M. Laratisse a pu, seul lutter contre une organisation et la vaincre, cela vient de ce que cette organisation, faite en dehors du pacte social, échappe, par cela même, à tout contrôle légal, et que les hommes qui en vivent, comme ceux qui ne font qu'y vivre, obéissent à un ensemble de lois particulières, de préjugés spéciaux, forment, en un mot, un Etat dans l'Etat.

En effet, qui se chargera, dans un Cercle, de dénoncer le grec? Sera-ce les joueurs? Ils savent qu'on les a volés, mais ignorent comment et ne pourraient faire la preuve. Le tenancier se chargera-t-il de la chose? Il a participé aux escroqueries précédentes. Est-ce le croupier? Il a touché dans l'affaire. Voudriez-vous que ce fût le changeur qui se dévouât? Il est l'homme du croupier, et, d'ailleurs, lui aussi, a trouvé son bénéfice dans l'opération. Reste le commissaire des jeux qui dépend du tenancier, ce qui revient à dire qu'il ne peut dénoncer le grec sans dénoncer en même temps l'employeur qui le fait vivre. Vous le voyez donc : ceux qui ignorent ne peuvent rien parce qu'ils ignorent : ceux qui savent ne peuvent rien parce qu'ils savent.

Reste à expliquer comment et pourquoi ceux du personnel (croupier, changeur, commissaire des jeux) ont fait cause commune avec le grec qui, sans leur connivence, ouverte ou déguisée, n'aurait pu mener à bien son entreprise, car il en est des organisations parasites comme des organisations légales, et aucun homme, quelle que soit son audace, ne peut lutter seul contre une collectivité. Dès lors, une objection se formule : comment ce croupier, ce changeur, ce commissaire des jeux, qui vivent du tenancier, peuvent-ils le trahir, et quel intérêt ont-ils à le trahir ?

La question se présente sous deux aspects. Envisageons-les.

Les gens du personnel peuvent trahir le tenancier parce qu'ils n'ignorent aucune de ses fripouilleries. Mettrez-vous à la porte une bonne ayant surpris dans votre cabinet de toilette tout un attirail destiné à la fabrication de la fausse monnaie ? D'ailleurs, le personnel du tenancier ne fait pas que connaître les fripouilleries du patron, il y participe. Et que l'on n'aille pas croire que cette participation enchaîne le personnel. Non, un changeur congédié n'ira pas faire de confidences au commissariat de police ; il se livrera à des *indiscrétions* au café, indiscrétions qui auront comme effet l'abandon du Cercle par les poires, et contre lesquelles le tenancier ne pourra rien, toute visite au commissariat de police pouvant, par la suite, lui devenir aussi funeste qu'elle l'aurait été pour le changeur malencontreusement congédié.

Les gens du personnel ont intérêt à trahir le

tenancier parce qu'ils le détestent, le considérant
comme un exploiteur, et qu'au Cercle, comme
dans toute industrie, se retrouvent les conditions
résultant des rapports du capital avec le travail
lesquels rapports entraînent presque toujours,
de la part de l'employé, la haine de l'employeur.

Examinons la situation que fait le tenancier au
croupier, par exemple, et oublions un instant
qu'il s'agit d'une paire d'escrocs. Pour un travail
pénible (même s'il était honnêtement exercé),
c'est le croupier qui, en principe, paye le tenancier, puisque, non-seulement il ne touche aucune
espèce de rétribution, mais, que par-dessus le
marché, il donne encore à son patron 67 o/o des
pourboires qui lui sont remis. Le croupier s'estime
donc volé par le tenancier, tout comme, dans un
café, le verseur s'estime volé par le cafetier qu'il
paye pour le servir.

Ont-ils tort ?

En principe non, évidemment.

Maintenant, il va de soi que nous n'entendons
faire aucune assimilation entre le métier honnête
du verseur, et la frauduleuse fonction du croupier. Pour expliquer un état d'esprit nous établissons un rapport, non une similitude ; — voilà
tout.

Donc, et c'est logique, le croupier hait le tenancier, et pour se venger de lui, il hésitera d'autant moins à recourir au vol que le tenancier sera le premier à lui recommander la pratique, tant pour la batte à la parisienne que pour l'étouffage des jetons appartenant au banquier.

A vrai dire, le tenancier se rend bien compte du danger de la chose, et, en de certaines occasions, partage avec le croupier, comme nous l'avons vu faire à M. Tirelouis après exercice de la séquence 32 en 5 du baccara chemin de fer. Mais, de cela, le croupier n'éprouvera aucune reconnaissance, ne sachant que trop à quoi attribuer le pot-de-vin qui lui est remis. On achète son silence, on ne saurait payer la rancune tenace que lui inspirent les 67 o/o de la retenue opérée sur ses pourboires.

Donc, s'il étouffe au compte du tenancier, il étouffera également à son compte personnel.

La chose lui est, d'ailleurs très facile.

En effet, c'est lui qui engage le changeur dont le métier consiste à faire la navette du tapis à la caisse, échangeant l'or et les billets contre des jetons, et vice versa. Admirable chose ! que cette défense de laisser traîner de l'or sur le tapis, conception géniale dont la portée échappe aux joueurs, lesquels ne s'aperçoivent pas qu'à transformer en bouts de nacre les billets de mille, on les entraîne

à risquer dix fois plus qu'ils ne feraient autrement,
Est-ce 25 louis que pose le joueur ? non, c'est une
plaque, une simple petite plaque de rien du tout
et qui est-ce qui regarderait à jeter sur le tapis
une plaque de plus ou de moins? La réalité que
représente cette plaque se trouve à la caisse ; elle
n'en ressortira plus que pour aller dans la poche du
tenancier.

Mais poursuivons.

Chaque jour, en plusieurs fois, le changeur
détient des sommes considérables dont il doit
compte au tenancier sous deux formes : espèces
ou jetons.

L'escroquerie est donc enfantine à pratiquer.

Le croupier, au lieu de passer à un banquier
tous les jetons qui lui reviennent, en agrippe quelques-uns qu'il fourrera plus tard dans la cagnotte.
C'est l'étouffage honnête, fait de compte à demi
avec le tenancier, et sur quoi le croupier ne tou-
chera, comme sur les pourboires, que 33 o|o.

Le croupier va-t-il se contenter de ces 33 o/o.

— Je serais trop bête, pense-t-il.

À tout moment, pour ramasser les jetons sur
le tapis, il doit les entasser sur sa palette et, de là,
les faire glisser dans ses mains ramenées au bord
du tapis, tandis qu'il surélève la palette. C'est
alors qu'il garde par devers lui ce qu'il croit pou-

voir subtiliser au banquier chançard, qui après un certain nombre de coups, a généralement oublié le total exact des mises, lesquelles, sur un tableau peuvent dépasser, sur un autre ne pas atteindre. Or, sur ces jetons subtilisés que, tout à l'heure, il mettra dans la cagnotte avec ceux du pourboire, le croupier peut fort bien en garder un ou deux dans la main gauche.

Reste à les faire passer, non plus dans la cagnotte, mais dans la poche droite de son gilet.

Pour cela, un nouveau banquier se trouvant installé au marbre, le croupier attendra l'instant où, les cartes étant distribuées, il devra du bout

Fig. 41

de sa palette, les porter à l'ayant-main du tableau

(252)

de droite, lequel ayant-main se trouve à sa gauche.

Il exécute donc un double mouvement, la main droite, armée de la palette, allant à gauche où se trouve l'ayant-main, et la main gauche, contenant les jetons dérobés, allant à droite où se trouve la poche du gilet.

Pour se rendre compte de la chose, regarder : (page 252), fig. 41.

Les bras décroisés le coup est fait, et les jetons étouffés sont dans la poche du gilet.

Les jeux terminés, tandis que le tenancier reconduit les poires, leur présentant ses amitiés, les invitant au dîner du lendemain ou les installant à souper, le changeur et le croupier établissent leurs comptes.

Il a été remis au changeur, par le caissier, six cents jetons et plaques représentant, si vous voulez, 80.000 fr. Le changeur est donc redevable au tenancier de ces 80.000 fr. qu'il doit lui remettre en jetons ou en or.

Le croupier a mis dans la poche de son gilet vingt-cinq jetons au cours de la nuit. Ces vingt-cinq jetons, il les remet au changeur qui lui donne de l'or à la place. Le changeur présentera donc toujours 80.000 fr. au tenancier, lequel sera néanmoins refait des deux tiers de 25 louis, le croupier, suivant les conventions admises, n'ayant droit qu'à 33 o/o sur l'étouffage.

On dira peut-être que la cagnotte devrait avertir le tenancier de ce qui a été fait exactement, ce qui serait vrai si l'on prélevait 10 o/o sur chaque mise, mais, comme il n'est prélevé que sur la mise en banque, tout contrôle devient impossible.

Maintenant, il va sans dire que quand c'est un ouvrier qui tient la banque, à son compte ou à celui de la maison ou bien encore un joueur soupçonneux, comme cet excellent M. Lafouine, il est impossible de faire sauter des jetons, ces banquiers-là exigeant, à chaque coup, qu'il leur soit fait mention de l'état de la banque et de celui des mises. Mais, parmi les joueurs honnêtes, de tels banquiers sont rares, tout joueur s'occupant, en général, non du coup qui vient d'être joué, mais de celui qui va l'être.

C'est donc en toute tranquillité, pour en revenir à ce qui nous occupe, que le croupier et le chan- geur partagent les 25 louis étouffés dans la proportion suivante : 75 o/o pour le croupier 25 o/o pour le changeur. Et chacun d'eux, empo- chant le produit de l'escroquerie faite en commun, se dit, songeant au tenancier :

— Ah ! cochon ! tu me voles, je te vole.

Car le changeur qui, lui, garde la totalité de ses pourboires, hait aussi le tenancier dont il ne touche, comme fixe, que des appointements dérisoires.

S'ensuit-il de là que le changeur adore le croupier qui l'engage, et dont il dépend ? Non, certes ! car le croupier, agissant avec le changeur comme le tenancier agit avec lui, ne partage pas non plus à égalité. Le changeur rattrape donc avec les combinards que l'ouvrier surveille quand il travaille au compte du tenancier. Surveillance anodine, d'ailleurs, l'ouvrier ne pouvant empêcher un combinard d'aller aux water-closet, et, au retour, de séjourner un instant, debout, près du tapis vert, tenant un jeton dans une de ses mains croisées derrière le dos. Passe le changeur. Le combinard ouvre la main, le changeur prend le jeton. S'il vaut 100 fr. on partagera, et chacun d'eux songeant, l'un au croupier, l'autre à l'ouvrier, tous deux au tenancier, se dira :

— Ah ! cochon ! tu me voles, je te vole.

Car tous ces bandits, se connaissant et s'appréciant à leur juste valeur, se détestent et se méprisent. Aussi, bien que se réunissant contre le tenancier, se combattent-ils les uns les autres à l'aide de tous les moyens, y compris le chantage.

En effet, il arrive fréquemment que le croupier

exige de l'ouvrier qu'il lui refile des plaques sur son gain, plaque dont le changeur lui remet la valeur en or, laquelle valeur se partage : 40 o/o à l'ouvrier; 40 o/o au croupier; 20 o/o au changeur. En cas de refus, un beau jour le croupier dira au tenancier que l'ouvrier est compromis auprès des joueurs, et qu'il est temps de le congédier. D'un autre côté, l'ouvrier, lui non plus, n'est pas désarmé à l'égard du croupier dont il connait les arrangements avec le changeur, qu'il pourrait, au besoin, révéler au tenancier.

Comme on peut le voir, ces Messieurs se tiennent les uns les autres et, somme toute, leurs efforts se neutralisent. Par exemple, se produise une occasion de combattre le tenancier, ils seront vite d'accord. Alors le combinard oublie ses griefs contre l'ouvrier, celui-ci ses griefs contre le croupier, et tous marchent à l'assaut, les profits se doublant. En effet, si le tenancier passe une séquence avec un demi-sel à la banque, les combinards en usent en pontant à coup sûr, le croupier en faisant sauter des jetons, le changeur en partageant avec le croupier le produit de de l'étouffage. Et comme tout cela n'empêche aucunement le tant pour cent que le tenancier doit toujours servir au croupier dont il a plus besoin que jamais, au demi-sel qui remplace l'ouvrier et les combinards, au commissaire des jeux qui assiste à tout sans jamais rien dire et dont le silence n'est pas gratuit, on devine aisément qu'une dispute de tenancier à ouvrier est infiniment plus préjudiciable au premier qu'au second, et l'on saisit le caractère réel du duel auquel on vient d'assister entre MM. Tirelouis et Laratisse : duel à la muette, combat d'apaches entretenu dans l'ombre, un couteau dans chaque main, et que ne doit révéler aucun cri susceptible d'attirer la police.

Néanmoins, après le coup du grand étouffage, il est fatal, ainsi que nous le lui avons vu faire, que disparaisse enfin M. Laratisse, car M. Tirelouis poussé dans les reins par M. Lafouine, se voit dans l'obligation de s'adresser à la police des jeux, ce qui entraîne, chez le concierge de M. Laratisse, l'apparition de quelques personnages mystérieux et indiscrets. Mais, rassurez-vous, les choses n'iront pas loin, car M. Laratisse, qui n'habite plus Paris, a également quitté son pied-à-terre en Seine-et-Oise, estimant plus favorable à ses poumons l'air d'un autre département.

D'ailleurs, M. Laratisse fût-il resté à Paris, que tout ce qu'aurait pu faire M. le Commissaire de la brigade des Jeux aurait été de le convoquer à son bureau, et de l'inviter à aller plus loin continuer l'exercice de sa petite industrie. Et M. Tirelouis qui devine, le sachant inévitable, le départ de M. Laratisse, n'en insiste pas moins auprès du Comité pour que, distribuées aux agents de la brigade des jeux, des cartes d'entrée leur permettent, un certain temps, de venir au Crotting où ils guetteront l'arrivée de Laratisse qui ne se présentera plus jamais. En agissant ainsi, M. Tirelouis prouve sa bonne foi et ramène la confiance au Crotting, ce qui lui permet de s'occuper de l'engagement d'un ouvrier pour la saison prochaine. Ceci fait, il ne lui restera plus qu'à éliminer M. Lafouine, devenu trop exigeant, opération que, sur son ordre, lui facilitera le caissier en affichant une méfiance injurieuse à l'égard de M. Lafouine quand ce dernier, qui rembourse toujours dans les vingt-quatre heures, voudra contracter un emprunt pour continuer une taille malheureuse.

LES ADIEUX AU CROTTING

Maintenant, MM. les estampés, nous vous avons tenu parole, exposant à vos yeux toutes les combinaisons de la grande bataille que se livrent parfois les estampeurs et à laquelle, jamais, vous n'avez rien à gagner, car, nous le répétons, c'est vous, toujours vous, les poires, qui en soldez les frais.

Ne vous frappez pas pour si peu, d'ailleurs.

A fréquenter les Cercles, il peut arriver quelque chose de pis, à un honnête homme, que d'être volé... il peut lui arriver de passer pour voleur.

En voulez-vous un exemple?

Dans un Cercle de province fréquentait un grec jeune encore dans la carrière, ce qui le portait à toujours gagner en abattant 9.

Un jour, tenant la banque, sur le talon il colle un, puis deux emplâtres.

Une contestation s'élève.

On retire les cartes du pot, et on les compte.

Comme la première taille de la soirée n'était pas encore épuisée, le compte, en additionnant ce qui restait au talon avec ce qui se trouvait dans le pot était facile à faire.

Donc on procède au calcul et, au lieu de 104 cartes, on en trouve 108, c'est-à-dire quatre de trop : deux 5 et deux 4.

Emoi, rumeurs, on ferme les portes et on décide que tout le monde sera fouillé, ou plutôt que chacun devra retourner ses poches devant le commissaire des jeux.

Alors, que fait notre grec?

Il fourre dans la poche d'un des joueurs ayant gardé son pardessus les deux cartes (encore un 5 et un 4) qui lui restaient, et qu'il avait dérobées quelques jours avant, au baccara chemin de fer.

Venu le tour du Monsieur de retourner ses poches, vous voyez d'ici le tableau!!

Le Monsieur a dû quitter la ville.

Très drôle, n'est-ce pas?... ou très triste, car, si nous disons « très drôle » cela tient à ce que les honnêtes gens auxquels on raconte cette histoire ont l'habitude d'en rire, ce qui est une façon comme une autre de comprendre les choses.

Et là-dessus, n'ayant plus rien à faire au Crotting, allons au Casino.

M. Laratisse nous y attend.

CHAPITRE VI

M. Laratisse au Casino

CE QU'EST UN CASINO ; SA RAISON D'ÊTRE. PLAGES ET VILLES D'EAUX

La raison d'être du Casino, qu'il s'agisse d'une plage à la mode où d'une station thermale, réside en l'impossibilité morale où se trouvent les gens d'une certaine catégorie sociale de vivre dans une autre ambiance que celle de Paris. Où la chose éclate aux yeux, c'est quand un hasard quelconque vous fait visiter la plage ou la station thermale hors saison, c'est-à-dire en dehors la période d'activité. Alors, voisinant avec l'humble cahute du pêcheur ou la bicoque du montagnard, l'hôtel aux fenêtres tristement closes, le Casino morne, la villa désertée apparaissent comme autant de non-sens, et l'on sent que quelque chose de factice a présidé à leur construction. Ne pouvant amener à Paris l'Océan et la montagne, trois mois durant, c'est Paris que les snobs transportent de casino en casino, exigeant théâtre, concerts, feux d'artifices, fêtes somptueuses, bals et courses.

Ici, point n'est besoin d'établir à l'aide de chiffres la difficulté du problême à résoudre; une inspection rapide y suffit. En effet, de quoi vivent les habitants, abstraction faite des profits qu'ils tirent du passage de la clientèle parisienne ou étrangère en été? de la pêche, de la culture, parfois de la fabrication d'un fromage. Donc en général, très peu de ressources naturelles, quelquefois même aucune ressource. C'est donc par chemin de fer (une ligne ayant été faite pour les besoins de la cause) que les matériaux ont été amenés. De plus, l'architecte, l'entrepreneur, les ouvriers n'étaient pas, ne pouvaient pas être de l'endroit, ce qui fait atteindre un prix formidable à la moindre construction. Enfin, les denrées, venues de Paris ou du chef-lieu départemental, montent également à des taux fantastiques. Conséquence : se loger coûte cher, manger coûte cher, boire coûte cher ; — que coûteront les plaisirs ?

Au premier abord, la réponse apparaît toute

simple. Conditions économiques spéciales, clientèle spéciale, plaisirs coûteux : les trois choses s'enchaînent logiquement. Et bien, pas du tout, les trois choses ne s'enchaînent aucunement, et, pour les fondateurs de n'importe quel casino, le problème à résoudre est celui-ci : conditions économiques onéreuses, clientèle riche, plaisirs gratuits autant que possible. Aussi voyez, tandis qu'à X-sur-Mer, à Z-les-Bains l'hôtelier vous demande 3o fr. par jour pour une chambre au cinquième, que le loueur de voitures vous demande 20 fr. pour une promenade, au Casino il ne vous est réclamé que 3 fr. d'entrée ou, mieux encore, un abonnement dont le prix n'atteindra pas 3 fr. par jour, et moyennant lequel, sans bourse délier, vous aurez théâtre, concert, feux d'artifices, fêtes somptueuses, bals et courses. Au sortir de là, si vous n'êtes pas joueur, vous vous écriez, songeant aux actionnaires :

— Je me demande comment ils s'en tirent ?

Cher Monsieur, si, moyennant l'acquisition d'une carte d'entrée, ô ! encore une misère, dix francs pour la saison, vous aviez fait connaissance avec la salle de baccara, vous auriez compris comment ils s'en tirent. Néanmoins, il vaut mieux pour vous et les vôtres, que vous ne compreniez jamais cela, car, si vous le compreniez, il y aurait de grandes chances pour que ce soit à vos dépens.

La situation est donc la même pour un Casino que pour un Cercle, et le problème à résoudre s'y affirme identique : donner pour 3 fr. ce qui en vaut 20, pour 10 francs ce qui en vaut 50, car la clientèle mondaine est au bord de la mer ce qu'elle est à la ville, à la campagne ce qu'elle est à Paris où des millionnaires quémandent un fauteuil au théâtre, ne payant que ce qui affiche une fortune, et voulant avoir le reste pour rien. Aussi le fermier des jeux leur donne-t-il le reste, quitte à se rattraper au baccara, car si, dans les grands Casinos, l'entrée coûte 3 fr. il va de soi qu'une telle mesure n'est prise que pour éliminer la clientèle ordinaire, dont la présence risquerait d'éloigner les snobs.

Mais il y a mieux.

Au Cercle, pour estamper les poires, le tenancier a neuf mois devant lui ; au Casino, pour procéder à la même opération, le fermier des jeux ne dispose que de 6 semaines, le commencement et la fin de la saison ne comptant guère ; de plus, s'il se met à pleuvoir, pour le fermier c'est un désastre. Il faut donc opérer en vitesse, ce qui nous amène à dire que, comme machine à voler, le Casino est à un Cercle ce que peut être une locomotive à un tramway, une automobile à un fiacre, un cheval à une tortue.

Pour vous rendre compte de la chose, examinez un peu l'état des frais à X-les-Bains, station thermale que nous pourrions nommer.

La société propriétaire du Casino a un capital de 5oo.ooo fr. + 4oo.ooo fr. d'actions d'apport : un joli denier par conséquent.

- Les membres de la Société louent le Casino 3oo.ooo fr. et afferment les jeux pour 725.ooo fr.

A l'aide de ces ressources, la Société en question organise des fêtes, assure le fonctionnement d'un théâtre (musique et comédie) avec programme brillant, passage d'étoiles, concerts symphoniques, et donne un prix de 100.ooo fr. pour les courses, toutes distractions onéreuses qui, venu le règlement des comptes, ne permettent pas aux membres de toucher plus de 4 o/o d'intérêts.

Irez-vous prétendre que ces MM. de la Société font un bénéfice usuraire?

Non, n'est-ce pas?

Pourtant rien que pour vivre, ils ont dû réclamer 725.ooo fr. du fermier des jeux, lequel entend faire de 7 à 8oo.ooo fr. de bénéfices car, pour lui en six semaines, vu les intempéries possibles, il ne s'agit pas de subsister, mais d'établir le gain d'une année.

A présent, renversons le problême.

LA MACHINE A VOLER

Ces messieurs de la Société, afin de s'épargner les tracas inhérents à l'organisation des fêtes et au fonctionnement du théâtre, livrent au fermier des jeux le Casino pour 3oo.ooo fr. Voilà donc le fermier déchargé de 425.ooo fr. mais obligé de subvenir à toutes les distractions dont la clientèle ne saurait se passer. Croyez-vous qu'en six semaines, après avoir donné 1oo.ooo fr. pour les Courses, payé trois mois d'appointements aux acteurs, des cachets formidables aux étoiles de passage, organisé des bals, des concerts et des feux d'artifices, il lui soit possible de se retirer avec un bénéfice quelconque?

Non, et le calcul est facile à établir.

La société, pour distribuer 4 o/o à ses actionnaires, a dû, avec le projet primitif, encaisser 3oo.ooo + 725.ooo = 1.o25.ooo fr. Elle avait donc 1.o25.ooo — 41.ooo = 984.ooo fr. de frais.

Avec le nouvel arrangement imaginé, le fermier des jeux, lui, aurait à couvrir, en plus de ces 984.ooo fr. de frais, 3oo.ooo fr. de location, soit 1.284.ooo fr. Il devrait donc faire, en répartissant sur les trois mois de la saison l'ensemble des ressources (cagnotte et entrées) plus de 14.266 fr. de recettes par jour... et cela rien que pour vivre.

Inutile d'insister.

(266

Admettons maintenant qu'une société (autre que celle, existante, dont nous venons de parler) se fonde pour l'exploitation d'un casino. Un honnête homme (si, toutefois, un honnête homme peut choisir un tel métier) se présente, qui désire affermer les jeux. Il fait ses calculs, et offre aux actionnaires une location raisonnable, lui permettant de vivre sur le produit, honorablement prélevé, de la cagnotte.

Enlèvera-t-il l'affaire ?

Nous n'hésitons pas à répondre que non, car il est inévitable qu'un autre survienne qui, sachant ce que la fraude peut produire, offrira dix fois plus aux actionnaires, lesquels, à moins de vertu singulière, accepteront les offres du nouveau venu, cela, entre autres raisons, *parce que les affaires sont les affaires.*

Ainsi va le monde.

D'ailleurs, fissiez-vous observer auxdits actionnaires qu'en acceptant 100.000 fr. de ce qui n'en peut rapporter que 30.000, ils acculent le fermier des jeux soit à la faillite, soit à l'escroquerie. vous sentez bien qu'il ne vous serait répondu qu'une chose :

— Ceci ne nous regarde pas ; c'est ce Monsieur qui est venu nous faire des propositions... qu'il se débrouille.

COMMENT SE DÉBROUILLE
LE FERMIER DES JEUX

Vous vous en doutez, n'est-ce pas ?

Néanmoins, il y a *la manière*.

Etudions-la.

Nous avons dit qu'au Casino le grand cheval de bataille était le baccara chemin de fer avec emploi de séquences variées : le barême 32 en 5, variable en choisissant comme postillon le roi, la dame, le valet ou le 10 ; le barême au pique, variable en employant comme postillon le pique, le trèfle, le cœur ou le carreau.

Avec ce moyen, toujours le même, on dévalisera les poires à jet continu, en vitesse, mécaniquement, car il n'en est pas du Casino comme du Cercle, où l'habitude de ne voir toujours à peu près que les mêmes figures oblige à certains ménagements. Au Casino, lieu de passage par excellence, on compte sur la foule pour noyer l'attention des joueurs soupçonneux. De là, venant du personnel, un cynisme extraordinaire, une impudence à peine croyable.

Dans un Casino, on apporte au croupier, pour le baccara chemin de fer, le sabot empli de six jeux préparés à l'avance et retenus à l'aide de l'élastique en croix qui maintient accolées les 312 cartes.

Alors, avec un bon sourire, tout en défaisant l'élastique, le brave croupier s'écrie :

— A la bonne heure ! parlez moi de ça, voilà de l'ouvrage tout fait.

Ceci dit, pour ne pas déranger la séquence 32 en 5, il bat à la parisienne, fait couper, le plus tranquillement du monde, passe une vingtaine de cartes au joueur occupant le n° 1, lequel, bonne poire, distribue, amenant d'abord 6 pour lui contre 3 à la ponte, et, au tirage, 7 à la ponte, lui demeurant à 6. Ça y est ! la poire est estampée, car il va de soi, connaissant le résultat d'avance, qu'un combinard a fait le banco.

Une autre fois, sortant les cartes du sabot, le même croupier en laisse échapper quelques-unes qui se mélangent sur le tapis.

La séquence va-t-elle être compromise ?

On pourrait le craindre.

Mais non, le croupier connaît l'ordre du barème, et, tout en le rétablissant, dit à l'un des

combinards qui l'encadrent afin de lui faciliter la
fausse batte :

— Ne vous émotionnez pas, Monsieur, vous
allez voir qu'il n'y a rien de cassé.

Et les excellentes poires de rire d'abord... de
payer ensuite.

D'ailleurs que les délicats se rassurent, tout
n'est pas grossier au Casino. Ainsi tenez, au
Cercle, l'homme qui vous dégraisse s'appelle un
tenancier : mot vulgaire, fleurant son tripot d'une
lieue. Au Casino, c'est à un fermier des jeux
qu'il incombe de présider au flambage des poires
et il faut avouer que pour les gens du monde,
traditionnalistes par essence, la chose n'est pas
sans avoir une petite allure Grand Siècle, assez
agréable en soi.

LE PERSONNEL

Dans les petits Casinos, où l'on est obligé de regarder aux frais, le fermier se contente d'avoir deux combinards parisiens, lesquels combinards il met en relations avec deux ou trois affranchis de l'endroit: personnages assez curieux, particuliers au personnel des Casinos, et méritant qu'on s'arrête à leur description.

Le mot affranchi, dans l'argot « philosophique » a plusieurs acceptions. En thèse générale, il peut signifier : joueur qui s'aperçoit qu'on le vole, mais qui ne saurait dire comment. Or, si un joueur qui s'aperçoit qu'on le vole peut être un ennemi, il peut également devenir un allié ; — il n'y a qu'à s'entendre.

Dans le cas qui nous occupe, il va de soi que l'affranchi est un allié. Ancien notaire usurier, ex-employé vivant d'une maigre retraite, ou bien encore propriétaire ruiné ayant converti en viager les restes d'une ancienne opulence, de toutes manières, un mécontent, l'homme habite l'endroit, et, durant la saison, se rend au Casino dans l'espoir d'y augmenter son revenu. Il joue donc, est soigneusement rincé, croit s'apercevoir qu'on le vole, et, pour en avoir le cœur net, toute la journée rôde lamentablement autour du tapis.

C'est là que vient le cueillir le fermier.

La conversation s'engage.

L'homme se plaint, n'osant formuler ses soupçons, et se répand en jérémiades sur sa mauvaise fortune. Ah ! il n'a vraiment pas de chance : tandis que d'autres... et il nomme les combinards. Or, le fermier des jeux, en crapule experte, a vite fait de deviner quelles rancunes cuisent et recuisent dans l'âme du personnage, et, s'il le plaint, c'est pour l'amener à des confidences dont il saura tirer profit. Il cuisine donc le mécontent, en extrait la bile, l'engage à se remettre au tapis, et, au besoin, lui prête de l'argent pour cela. L'homme accepte, s'installe à nouveau... et gagne. Maintenant, comme un service en vaut un autre, il ne se refusera pas, le cas échéant, à entraîner au baccara quelques amis et connaissances... ce qui lui vaudra une petite commission. Bref ! de services en services et de prêts en pots-de-vin, un beau jour, l'homme en arrive à distribuer, sachant qu'il devra passer la main chaque fois que la dernière carte retournée sera ceci ou cela, ainsi que le lui a conseillé le fermier des jeux.

L'affranchi est créé.

Comme on peut le voir, c'est une espèce de demi-sel de province, rabatteur par nécessité, escroc par occasion, mais qui jamais n'avouera à qui que ce soit, et, peut-être, ne s'avouera à lui-même, le caractère réel de la fonction qu'il exerce. Lui, être un voleur ? —Allons donc ! Lui, marcher dans une séquence? —Jamais de la vie ! Il est bien vrai qu'on lui a dit : « Prenez la main dans telle condition, lâchez-la dans telle autre condition, » et qu'il fait ainsi qu'on lui a *conseillé* de faire. Il partage, dites-vous encore, son gain avec le fermier —Quoi de plus naturel ? Un bon conseil vaut bien une rétribution. Et c'est ainsi que l'affranchi, crapule timide et timorée, affranchit sa conscience de tout vain scrupule.

Il y a encore des affranchies femmes, car le mot s'applique au deux sexes : le mâle et le féminin. Dans ce cas, ça n'est pas à une dame du lieu qu'on s'adresse, mais à une demi-mondaine venue pour la saison, et qui, sans jamais entrer dans la combine, les femmes étant trop nerveuses pour faire du bon travail, n'opère qu'en qualité de rabatteuse, touche simplement quelques louis quand elle réussit à entraîner au baccara le client épris de ses charmes.

Mais tout ceci ne regarde que les petits Casinos, car, pour ce qui est des établissements d'importance, si on y emploie au besoin des demi-mondaines comme rabatteuses, par contre les combinards seront toujours exclusivement parisiens, l'ouvrier qui commande la brigade amenant ses hommes, dont il répond.

Les engagements se font de manière curieuse.

Le terme en est restreint, surtout dans les stations thermales où la clientèle ne vient que pour la durée de la cure : vingt, vingt-deux, vingt-cinq jours, un mois au plus. Or, tous ces gens à arthrites, à gravelles, à dyspepsies variées, tous ces goutteux, catarrheux, rhumatisants qui vont boire des eaux, se plonger dans la boue, suivre un régime, se connaissent les uns les autres et se racontent au fur et à mesure des arrivées et des départs ce qui a pu se passer au Casino. De plus, le commissaire de police, habitué à voir les malades disparaître après chaque cure, s'étonnerait de la présence continuelle de cinq ou six gaillards bien portants : phénomène dont il pourrait d'autant mieux pénétrer la cause que, au Casino, contrairement à ce qui se passe au Cercle, la police entre comme et quand elle veut.

Dans les villes d'eaux la brigade est donc volante, c'est-à-dire qu'elle ne fait que le temps d'une cure, puis va, autre part, remplacer la brigade précédente qui la remplace elle-même. Or, dans chaque Casino, le fermier des jeux, contrairement à ce que l'on pourrait croire, ignore quel ouvrier succèdera au premier engagé, quelle brigade succèdera à la première brigade, et ainsi de suite pour toute la saison, le premier ouvrier s'engageant à fournir un successeur de son choix, dont il répond et qui viendra, en temps voulu, suivi de sa brigade.

Admettons qu'à X-les-Bains la cure soit d'un mois, et que la saison ouvre à partir du 15 juin.

Le 14 juillet, au soir, le second ouvrier arrive, suivi des quatre hommes de sa brigade dont il a payé le voyage aller, et garanti le retour.

Il se présente, seul, au fermier des jeux, qui n'a connu son nom qu'à la dernière minute, et qui, comme entrée en matière, doit, séance tenante, lui solder son voyage et celui de ses hommes.

Le lendemain, le nouvel ouvrier présente les combinards.

A partir de ce moment plus de fréquentations, car il est indispensable, pour la réussite de l'entreprise, que ces messieurs aient l'air de s'ignorer les uns les autres ; donc on ne s'adressera la parole que le moins possible, et, si l'on a quelque chose de sérieux à se dire, on communiquera par la poste, l'ouvrier et les combinards habitant chacun un hôtel différent.

C'est l'ouvrier, le fermier des jeux les lui ayant confiées, qui remet les cartes d'entrées permanentes aux combinards.

Les bénéfices sont partagés dans la proportion suivante : 5o o/o pour le fermier des jeux ; 5o o/o pour l'ouvrier qui se débrouille comme il l'entend avec ses combinards.

Il y a donc, d'ouvrier à combinards, un second partage se décomposant de la sorte ; de 8 à 10 o/o à chaque combinard, le reste pour l'ouvrier. Les combinards étant généralement quatre, c'est donc de 32 à 4o o/o que, sur ce qui lui a été remis, leur donne l'ouvrier. Maintenant, vienne une grande partie, un coup difficile où il y a gros à risquer, l'ouvrier partagera à égalité avec sa brigade (20 o/o à chaque homme, autant pour lui) distribuant aux combinards une part plus forte, en rapport avec le travail plus considérable qu'ils auront dû fournir.

De cette manière, aucun danger collectif à craindre, l'entente étant impossible à démontrer. Le fermier a l'air d'ignorer l'ouvrier, qui a l'air d'ignorer les combinards, seulement, de par les mesures prises, c'est le fermier qui se trouve à la merci des grecs, dont l'esprit de corps s'affirme remarquable. En effet, il y a, entre grecs, tout un ensemble de pratiques relevant d'un honneur spécial. C'est ainsi qu'il est sans exemple qu'un grec, mis par un autre grec sur la piste d'une affaire, se soit jamais refusé à en partager le bénéfice. Mais le chef-d'œuvre, en la matière, réside évidemment dans le fait de cacher au fermier des jeux le nom du successeur. De la sorte, en cas de dispute, l'ouvrier peut tout contre le fermier qui, lui, ne peut rien contre un tel adversaire ; nous n'allons pas tarder à en fournir la preuve.

LE TRAVAIL

Il se fait en partie double : à l'hôtel et au Casino.
A l'hôtel c'est l'amorçage. Il s'agit de cuisiner
la poire, de l'allumer, de l'amener coûte que coûte
dans la salle de baccara. Pour cela on fait connaissance, on cause, on lève les scrupules, on
éveille les curiosités. Au Casino, c'est l'estampage
perpétuel, exigeant la présence à tous les jeux,
qu'il y ait ou non des joueurs dans la salle. S'il y
en a, on estampe : séquence baccara en banque
succédant à séquence baccara chemin de fer, le
barème 32 en 5 alternant avec le barème 113. Et
allez donc ! crève la poire, la machine à voler fonctionne ! S'il n'y a pas de joueurs on bat la mesure
(comme en musique : un, deux ou trois temps
pour rien) c'est-à-dire qu'on est toujours là, occupant le tapis, afin de donner à l'hôte de passage
l'illusion d'une partie réelle.

— Tiens ! c'est vous ?
— Mon Dieu oui... c'est moi.
— Qu'est-ce que vous faites par ici ?

— Vous voyez... je passe.

— Vous ne restez pas ?

— C'est que, je vais vous dire...

— Oh! une minute.

— Soit! mais pas plus.

— Entendu, asseyez-vous, je vous porterai bonheur.

Poire assise, poire estampée ; une autre arrive, on la dégraisse ; une troisième surgit, on la flambe. Et elles arrivent toujours les bonnes poires, s'attirant les unes les autres, comme les moutons de Panurge. Baccara chemineau : si c'est une poire qui tient la banque, la banque perd ; si c'est un combinard qui tient la banque, la banque gagne. Quand la salle est pleine, baccara en banque : si c'est une poire qui se l'adjuge on lui passe du poison ; si c'est un combinard qui prend la banque on lui passe le barême 113, ou le barême 101 ou le barême 234. Et allez donc ! crève la poire, la machine à voler fonctionne !

Au Cercle on ferait attention, ici on opère en vitesse, séquence sur séquence, car il est une foule anonyme qui passe, emplit la salle, la quitte, l'emplit à nouveau. Il y aura toujours quelqu'un pour soupçonner quelque chose. Et après ? Ce quelqu'un pourra-t-il démontrer quoi que ce soit ? Non, alors le fermier s'en moque. Mais la saison prochaine? La saison prochaine le fermier ne sera plus là, car si les brigades se remplacent de cure en cure, les fermiers permutent de saison en saison.

Voici le pourquoi de ce remue-ménage.

Beaucoup de joueurs empruntent au fermier qui ne refuse jamais le prêt, et s'arrange de manière à ce que, sans le savoir, l'emprunteur travaille dans une séquence quelconque. Nous avons démontré plus haut la possibilité de la chose; — il n'y a donc pas à y revenir. Or, suivant le bon vouloir de la brigade, l'emprunteur gagne ou perd, et, la cure terminée, il doit toujours. Si cet emprunteur est solvable, il va de soi qu'on lui aura fait signer des billets pour le renouvellement desquels le fermier se montrera toujours conciliant, car, pour des raisons à lui connues, pas plus qu'un tenancier de Cercle, un fermier de Casino n'a de sympathie pour les actes judiciaires. Néanmoins, si, devant toujours au fermier, l'emprunteur le retrouvait, la saison suivante, au même Casino, il y aurait de grandes chances pour qu'il aille plus loin faire soigner sa gravelle, et, comme il a des relations, son départ pourrait en entraîner d'autres. Voilà pourquoi les fermiers passent de Casino en Casino chaque saison, et, en de telles conditions, on devine qu'il est assez indifférent à l'un deux de savoir qu'il laissera une réputation douteuse à X-les-Bains, puisque, l'année suivante, c'est à V-sur-Mer qu'il opérera, quitte, s'il avait un bail à X-les-Bains, à y installer un homme de paille.

Alors?

Alors, plus que jamais : Hue charrette! Marche la séquence et crève la poire!!

DICTIONNAIRE PRATIQUE DE DROIT : *IIIme Liv. par. 20 : La tenue des maisons de jeux de hasard est prohibée d'une façon absolue. Cependant, le ministre de l'Intérieur, en vertu d'un décret du 18 juin 1806, qui est considéré comme étant encore en vigueur, se reconnaît le droit d'autoriser, dans les Casinos des stations balnéaires et thermales, certains jeux de hasard, tels que le baccara et les petits chevaux.*

La machine à voler fonctionne !

OU M. LARATISSE FAIT A NOUVEAU
PARLER DE LUI

Ah ! le revoilà, le cher bandit !

Avouez qu'il vous manquait !

Le revoilà, plus audacieux que jamais, encore
tout frémissant de la grande victoire remportée
sur M. Tirelouis, entouré de la vénération des
combinards et des demi-sels, définitivement reconnu par les ouvriers, ses pairs, comme un
fort parmi les forts, haï, craint, méprisé, glo-
rieux !

Néanmoins, un petit accident lui arrive encore,
qui nous permettra de le contempler à nouveau
luttant, seul, contre l'employeur et sa séquelle.
Oh ! rassurez-vous ! une simple anicroche. Parfois,
la scène étant mal balayée, il arrive que l'équi-
libriste, les bras chargés d'assiettes, glisse sur un
noyau de cerise. Si l'homme est un maître en son
art, d'un coup de reins il récupère le centre de
gravité, et, après une oscillation fâcheuse, les
assiettes se retrouvent d'aplomb. Ainsi fera

M. Laratisse, et nous devons d'autant plus nous en réjouir que si, au Casino, il bornait son effort à travailler dans telle ou telle séquence, n'ayant plus rien à nous apprendre, il aurait vite fait de nous lasser.

Ce préambule établi, voici l'aventure.

On se souvient que confiant en la parole de M. Tirelouis, et comptant finir la saison d'hiver au Crotting, M. Laratisse qui, de la sorte, n'aurait été libre qu'à partir du 15 juin, avait refusé un engagement au Sfax, (eaux sulfureuses, maladies de la peau, cure d'un mois) lequel engagement l'aurait tenu du 1er juin au 1er juillet. Or, détail à retenir, ça n'était pas le fermier des jeux du Sfax, nouveau venu dans le métier, qui avait primitive-ment engagé M. Laratisse. Non, la chose s'était faite grâce aux bons soins d'un intermédiaire, ou-vrier de son état, lequel, fidèle observateur de la tactique savante adopté par les grecs vis-à-vis des employeurs durant la saison estivale, s'était con-tenté de dire au fermier du Sfax :

— J'enverrai quelqu'un au moment voulu.

Donc, au moment voulu, c'est-à-dire au 31 mai, en vertu des arrangements que nous connaissons, au lieu de M. Laratisse, c'était M. Fripouillas qu'avait reçu le fermier du Sfax, et M. Laratisse confortablement installé à Monte-Carlo, y occupait ses loisirs à perdre à la roulette ses gains du Crotting, attendant, pour se refaire, que M. Fripouillas lui télégraphiât de Sfax-les-Bains :

— Envoyez commande.

Ce à quoi, non moins télégraphiquement, M. Laratisse aurait répondu :

— Arriverai demain avec échantillons.

Manière élégante et discrète d'avertir M. Fripouillas qu'il se présenterait à Sfax-les-Bains, suivi de MM. Jean Pile, Crapulos, Lestampe et Lesbrouffe constituant sa brigade, et représentant les échantillons susnommés.

Tout semblait donc devoir se passer le mieux du monde au Sfax, Fripouillas, remplaçant, à l'insu du fermier, Laratisse du 1er juin au 1er juillet, et Laratisse remplaçant Fripouillas du 1er juillet au 1er août, époque, où, sur indication de ce même Laratisse un troisième ouvrier aurait pris la succession : arrangement merveilleux que d'imprévues catastrophes devaient empêcher d'aboutir.

LES TRIBULATIONS
DE LA BRIGADE FRIPOUILLAS

Les peuples heureux, paraît-il, n'ont pas d'histoire.

La brigade Fripouillas devait en avoir une.

Certaines entreprises marchent comme sur des roulettes, pour d'autres la route s'encombre de gravats. « *Cromwel allait ravager toute la chrétienté, dit Pascal, la famille royale était perdue et la sienne à jamais puissante, sans un petit grain de sable qui se mit dans son urêtre ; Rome même allait trembler sous lui ; mais ce petit gravier, qui n'était rien ailleurs, mis dans cet endroit, le voilà mort, sa famille abaissée et le roi rétabli.*» Pareil accident devait arriver à M. Fripouillas, non qu'il eût le moindre grain de sable dans l'urètre, mais parce que Dieu voulut qu'en l'année 19.., du 1ᵉʳ au 15 juin, il se mit à pleuvoir à Sfax-les-Bains. Or, si l'eau attire les grenouilles, par contre elle incite les familles à s'épargner les frais considérables du déplacement estival.

Les trois quarts du temps la salle de baccara était donc vide, vide comme un œuf gobé ou comme la cervelle d'un feuilletonniste, et quand, par hasard, elle s'emplissait à moitié, venu le règlement de comptes, le tant pour cent de la brigade apparaissait d'autant plus lourd au fermier qu'il n'avait que fort peu de cagnotte à se mettre sous la dent : à peine de quoi remplir une dent creuse.

Que faire en cette déplorable conjoncture ?

Le fermier en parle au croupier qui lui dit :

— Étouffons.

— Étouffons, opine le fermier.

Et tous les jours, tous les soirs, à toute heure, le croupier étouffe des jetons, et puis des plaques, et des jetons encore.

Avec les poires ça marche.

Avec la brigade il y a du tirage.

M. Fripouillas, excipant du revenu promis, et fort de son droit, s'adresse au fermier, faisant remarquer à cet industriel que si le croupier étouffe au passage la moitié de ce que les combinards enlèvent aux poires, la brigade n'a plus aucune raison de travailler.

— C'est fort juste, concède le fermier, trop honnête homme pour ne pas rendre hommage à la logique impeccable du raisonnement.

— Alors ?

— Ça n'est pas ma faute, adressez-vous au croupier.

M. Fripouillas s'adresse donc au croupier qui, sans s'émouvoir le moins du monde, réplique :

— Ça n'est pas ma faute, débrouillez-vous avec le patron : si j'étouffe c'est qu'il m'a dit d'étouffer ; moi je m'en fous ! le patron commande... j'obéis.

Infatigable, M. Fripouillas interpelle à nouveau le fermier :

— Le croupier prétend que s'il étouffe, c'est parce que vous lui avez dit d'étouffer.

— Il en a menti.

— Défendez-lui de le faire.

— Vous savez bien qu'on n'empêche pas au croupier d'étouffer. Débrouillez-vous avec lui. Moi je m'en fous !

— Mais moi je ne m'en fous pas !

— Qu'est-ce que vous voulez que j'y fasse ?

— Fichez-le à la porte.

— Soit !

— Mais quand ?

— Dès que je pourrai.

Et, plus que jamais, tous les jours, tous les soirs, à toute heure le croupier étouffe des jetons, et puis des plaques, et des jetons encore.

Du coup, M. Fripouillas sent à son vieux nez

la moutarde qui monte. Il convoque sa brigade dans la commune voisine,

> *... en un endroit écarté »*
> *« Où d'être hommes de proie on ait la liberté »*

Et l'on délibère.

On vote la grève.

Cette mesure prise à l'Hôtel de France, où il est descendu, M. Fripouillas, grâce au verbe chaleureux dont la nature l'a doué, explique à quelques joueurs l'avantage considérable qu'ils trouveraient à pratiquer le baccara en chambre, au lieu de se prêter bénévolement à l'impôt scandaleux que représente le 10 o/o de la cagnotte.

— Sans compter, ajoute M. Fripouillas, qu'au Casino on ne sait jamais à côté de qui l'on se trouve.

Idée géniale ! trouvent ces messieurs et sans plus tarder, on cherche des adhérents.

M. Fripouillas amène deux de ses combinards, substitue des jeux maquillés au tarot, toujours tout prêts dans sa demoiselle (1), à ceux qu'a donnés le garçon d'hôtel, et, loin des regards jaloux à l'abri des étouffages du croupier, gentiment, proprement, on rince les poires à domicile.

On était alors au 15 juin, et la Providence,

(1) Petit sac en cuir contenant les yeux maquillés de l'ouvrier.

toujours impénétrable en ses desseins, — qu'elle insinue un caillou dans l'urètre de Cromwel ou qu'elle fasse pleuvoir dans le Nord, dans le Sud ou dans l'Ouest, — voulut qu'à Sfax-les-Bains le soleil se remit à briller. Aussitôt afflux de clientèle ! Tous les alopéciques, dartreux, eczémateux, galeux de France et de l'étranger arrivent par bandes, se répandent dans les hôtels, vont aux bains et, par surcroît, dans la salle de baccara, persuadés, sans doute, que pour les maladies de la peau, la séquence est le complément indispensable du traitement par le soufre. Alors, au Casino, l'absence de la brigade se fait cruellement sentir, et, chapeau bas, le fermier des jeux vient à résipiscence, ce qui amène le retour de la brigade avec tous les honneurs de la guerre : règlement des arriérés ; ordre au croupier de ne plus être malhonnête que honnêtement, c'est-à-dire envers les seuls joueurs honnêtes ; augmentation du tant pour cent obtenu en réparation du préjudice causé.

Malheureusement ! de tels contrats où, abusant de la situation, le vainqueur piétine le vaincu, laissent place à trop de rancunes pour que le rapprochement soit sincère. Aussi, à peine de retour au Casino, M. Fripouillas ne tarde-t-il pas à s'apercevoir qu'un trio est là qui, au baccara chemin de fer, intercepte la main quand elle est bonne, et ne la laisse passer aux combinards qu'après épuisement de trois bons coups sur cinq ou six. Il fait donc une enquête, apprend que le trio se compose d'un commerçant failli, d'un ancien notaire ayant dû abandonner sa charge après scandale, et, pour couronner l'édifice, d'un conducteur des ponts et chaussées mis à la retraite pour détournement de fournitures : tous personnages habitant la région. Il n'y a donc pas de doute, à côté de la brigade régulière le fermier en a constitué une autre qu'il paye au rabais.

Nouvelle indignation de M. Fripouillas.

Nouveau colloque avec le fermier des jeux.

Or, M. Fripouillas tombe aussi mal que possible, un des joueurs savonnés à l'hôtel de France par la brigade, venant de raconter la chose au fermier, d'où réclamations des deux parts, M. Fripouillas exigeant que soit licencié la brigade supplémentaire dont le fermier se refuse à reconnaître l'existence, et le fermier exigeant que M. Fripouillas lui remette 5o o/o sur les sommes extorquées en chambre, contrairement aux clauses du contrat primitif. Cris, injures, vociférations. Finalement, les choses demeurent en l'état, M. Fripouillas et sa brigade n'ayant plus qu'une semaine à passer au Sfax.

Deux jours avant le départ de la brigade, autre histoire.

Le fermier des jeux fait appeler M. Fripouillas, et, la bouche en cœur, s'informe des aptitudes de l'ouvrier qui doit venir.

— Tiens! tiens!! pense intérieurement M. Fripouillas, il paraît que la brigade supplémentaire n'a pas donné ce qu'on espérait. Attends un peu, mon bonhomme, je vais te faire marcher.

Et, gardant pour lui ses réflexions, M. Fripouillas fait la bête, caressant un vague espoir de chantage.

— L'ouvrier? Quel ouvrier ?

— Votre successeur.

— Ah! merveilleux !!

— Aussi fort que vous ?

— Pff!

— Quoi : pff?

— Je peux vous le dire, il est plus fort que moi.

— Vous blaguez?!

— Je ne blague pas, il est plus fort que moi. Seulement...

— Seulement ?

— Seulement voilà... je me demande maintenant s'il va encore être libre.

— Et bien! mon cher ça tombe à merveille.

— Comment ça ?

— Parce que jallais précisément vous prier de lui écrire qu'il ait à rester chez lui. Je n'éprouve pas le besoin d'avoir un second ouvrier capable de me soulever la clientèle. Il y en a déjà un dans la maison, c'est assez. Alors, écrivez à votre ami que ce qu'il a de mieux à faire c'est de rester où il est. Vous pouvez même ajouter que, s'il vient malgré moi...

— S'il vient malgré vous ?

— Je le fais coffrer. Vous avez compris ?... bonsoir !

Et voilà comment, après un mois de labeur à Sfax-les-Bains (eaux sulfureuses, maladies de la peau), M. Fripouillas se vit dans la fâcheuse nécessité de télégraphier à son ami Laratisse, en villégiature à Monte-Carlo :

— Echantillons refusés, inutile venir

M. LARATISSE ÉLÈVE SON AME
A LA HAUTEUR DES PÉRILS
QUI L'ASSAILLENT

C'est quand un péril, un cataclysme, un désastre se produit, qu'on juge des âmes vraiment fortes. Est-ce à dire que l'homme courageux doive supporter sans émotion les coups de la Fortune ? Non, certes ! et quand M. Laratisse reçut la fatale dépêche il demeura un instant hébété, comme si on lui avait asséné un fort coup de poing au sommet du crâne.

Il y avait de quoi, du reste.

En effet, le séjour à Monte-Carlo s'était affirmé déplorable, engloutissant les économies faites au Crotting.

Néanmoins, après s'être secoué comme un chien sortant de l'eau, M. Laratisse reprit courage, et, en réponse au télégramme Fripouillas, expédia un autre télégramme réclamant des explications. Or, de Sfax-les-Bains, M. Fripouillas devait aller à Pneu-sur-Mer, et y installer sa brigade. Il y eut donc, quelques jours durant, échange de télégrammes, de lettres et de communications téléphoniques, jusqu'au moment où l'on convint de se retrouver à Paris, M. Fripouillas abandonnant sa brigade pour vingt-quatre heures, et M. Laratisse avertissant ses combinards d'avoir à se trouver tel jour au café, entre la Madeleine et l'Opéra.

A l'heure dite, tout le monde était là,

M. Fripouillas présenta ses explications, et tout le monde tomba d'accord sur ce fait que ce devait être le croupier du Sfax qui avait soufflé à son patron qu'avec des affranchis on pouvait tout aussi bien pratiquer les séquences qu'avec des combinards. En effet, à l'aide des jeux que lui remet un fermier, un ouvrier établit des séquences, c'est-à-dire qu'ayant décacheté les paquets, avant de les recacheter il a rangé les cartes suivant un ordre convenu. Pour connaître cet ordre, le fermier n'a donc qu'à redécacheter les paquets à son tour, et, les séquences reconstituées vingt ou trente fois chacune, qu'à faire agir une brigade d'affranchis trop heureux de travailler au rabais, et d'autant moins dangereux à employer qu'ils ne comprendront jamais la nature de l'escroquerie commise On leur dit : « Quand le croupier vous fait signe prenez la main et gardez-là jusqu'à ce que vous ayez retourné telle ou telle carte. » Ils obéissent et le tour est joué.

A ce moment de la conversation la douleur de M. Fripouillas fit peine à voir, et, malgré les consolations que, très ému, lui prodiguait généreusement M. Laratisse, on put l'entendre qui s'écriait :

— Les salauds ! ils m'ont fait faire tout ce qu'il y avait de difficile, et, pendant ce temps, on dessalait des affranchis. On m'avait promis une affaire superbe, et je n'ai ramassé qu'un bidon. (1) Et encore ! si ça n'était que ça ! Mais les cochons vont raconter la chose partout, et si maintenant les fermiers n'emploient plus que des affranchis, la corporation est foutue. Je suis déshonoré. Nom de Dieu ! je vous dis que je suis déshonoré.

Et, proclamant ses torts, M. Fripouillas versait des larmes amères qui roulaient, cristallines, dans sa barbe blanche ; — car M. Fripouillas est très vieux.

Il y eut un silence atterré, chacun des personnages qui assistaient à la scène ruminant à part soi les conséquences déplorables que pourrait avoir dans l'avenir, la pelle ramassée par la brigade Fripouillas à Sfax-les-Bains.

(1) Affaire manquée, qui n'a rien produit, ou n'a produit que très peu.

Les sourcils froncés, une main à la bouche, l'autre à la cuisse, dans la pose du Songeur de Michel Ange, M. Laratisse étayait des combines. Aussi, quand, de l'angoisse plein la voix, M. Fripouillas l'adjura de relever l'honneur de la corporation, fût-ce d'un geste autoritaire qu'il interrompit l'aïeul vaincu, disant :

— Ferme ta boîte.

Et, à nouveau, le silence régna. Autour des soucoupes volaient des mouches, bestioles inconscientes, insoucieuses du problême élaboré. Au dehors, sur la chaussée flamboyante de soleil, passaient des gens en alpaga, des femmes en corsages clairs, et, d'être à Paris en un tel moment, les combinards éprouvaient une grande honte.

— Eh ! ben, tas de coquins ! on vous aura tout de même, ou je ne suis plus un philo-fileur ! ! (1)

Ponctuée d'un coup de poing formidable qui fit s'entre-choquer les verres et provoqua la noyade d'une mouche dans le vermouth-citron de M. Jean Pile, cette exclamation vigoureuse apparut à tous comme la preuve évidente du retour de M. Laratisse à l'audace qui lui était coutumière.

En effet, M. Laratisse venait de prendre un grand parti.

(1) Ouvrier qui file la carte avec art.

Ah ! un fermier des jeux lui interdisait l'entrée du Casino ? — il irait tout de même. Somme toute qu'est-ce qu'il risquait ? **M.** Fripouillas n'avait point divulgé au fermier du Sfax le nom de **M.** Laratisse. Quant au croupier du même établissement, il ignorait **M.** Laratisse, et **M.** Laratisse l'ignorait ; donc, aucune crainte d'être reconnu. Restaient les combinards. Or, tous étaient dans la même ignorance que M. Laratisse relativement au fermier du Sfax, nouveau-venu dans la carrière et, toujours quant au croupier, si MM. Lestampe, Lesbrouffe et Crapulos avait la malchance de le connaître, par contre M. Jean Pile était sûr de ne l'avoir jamais rencontré. Accompagné du fidèle Jean Pile, M. Laratisse ira donc à Sfax-les-Bains, il y fera le beau (1), pénétrera dans la salle de baccara, et, en dépit du fermier, des affranchis et du croupier il prendra le milieu (2). Une fois M. Laratisse devant la porcelaine on peut amener la poularde (3), les poires seront dégraissées tout de même. Car il ne s'agit pas que de manger du gâteau, il s'agit de prouver à tous les fermiers présents et à venir que ça n'est pas avec des sabots (4) qu'on se fait une brigade.

(1) Faire le riche.
(2) Etre au milieu : prendre la banque.
(3) Commissaire de police chargé de la surveillance des jeux.
(4) Sabot : bon à rien.

LA MACHINE A VOLER

Débité avec une chaleur communicative, ce discours enthousiasma l'assistance. Après avoir pleuré de douleur, M. Fripouillas pleurait de joie, les combinards étaient ahuris d'admiration, tant et si bien que M. Jean Pile, avalant d'un seul coup le vermouth-citron où agonisait la mouche, victime innocente de la brusquerie de M. Laratisse, faillit étouffer jusqu'à expectoration du diptère.

Le calme rétabli, en quelques phrases brèves, M. Laratisse fournit à ses combinards les indications nécessaires. Il gardait sa brigade au complet, en dépit des événements. MM. Lestampe, Lesbrouffe et Crapulos devraient donc rester en communication avec lui, prêts à répondre au moindre appel. Le travail terminé au Sfax, défalcation faite des frais, on partagerait : 70 o/o pour MM. Laratisse et Jean Pile qui assumaient toute la responsabilité de l'opération, le reste pour les autres combinards Quand à M. Fripouillas, comme il avait, de son propre aveu, compromis l'honneur de la corporation, il devrait fournir les outils, c'est à-dire les espèces ou l'argent indispensable à la bonne exécution de la combine. Or (exemple à peu près unique de la chose), M. Fripouillas ayant, au cours de sa longue carrière d'ouvrier, acquis en bonnes rentes sur l'Etat les éléments d'une aisance bourgeoise, n'était pas homme à lésiner ; ce fut donc le sourire aux lèvres qu'il aligna six billets de mille, intimement persuadé, d'ailleurs, qu'il rentrerait dans son débours.

Et voilà comment au cours de la seconde semaine de juillet 19.., le fermier des jeux du Casino de Sfax-les-Bains eut la désagréable surprise de voir s'installer au tapis deux Messieurs à la mine correcte qui, au baccara chemin de fer, chaque fois que, en vertu de tel ou tel barême, la main se trouvait bonne, avaient l'indélicatesse d'en profiter largement. D'abord, on put croire au hasard. Mais quand, au bout de quelques jours, huit mille francs se trouvèrent enlevés, entre le croupier, les affranchis et le fermier des regards sinistres s'échangèrent, regards que MM. Laratisse et Jean Pile surprirent, ce qui les porta, en imitation des agissements antérieurs de la brigade Fripouillas à se rendre, eux aussi, dans la commune voisine :

> ... en un endroit écarté »
> « Où d'être hommes de proie ont ait la liberté.»

LE QUILLAGE

Tous ceux qui prendront l'épée,
périront par l'épée.

Saint Mathieu.
Chap. XXVI ; Vers. 52.

A Sfax-les-Bains, le départ momentané de
MM. Laratisse et Jean Pile eut deux effets : il
empêcha le fermier des jeux de signaler nos deux
lascars à la police, et le persuada qu'il n'avait eu
affaire qu'à une paire de grecs en appétit de gâteau. Or, nous le savons, dans l'esprit de MM. Laratisse et Jean Pile, il ne s'agissait pas de manger
du gâteau, mais bien de frapper un de ces coups
destinés à maintenir l'équilibre traditionnel des
rapports d'employés à employeurs : équilibre que
le fermier du Sfax aurait bien voulu intervertir à
son profit.

Donc, en mangeant du gâteau, MM. Laratisse et
Jean Pile n'avaient opéré qu'une simple reconnaissance en territoire ennemi, hostilité préparatoire
les renseignant sur les forces de l'adversaire. A

(300)

présent ils savaient à quoi s'en tenir. La saison battait son plein, un soleil radieux provoquait l'afflux incessant d'une clientèle de choix, on pontait ferme au baccara en banque comme au baccara chemin de fer, une fête devait être donnée à quelques jours d'intervalle, c'était donc le moment ou jamais de préparer le quillage.

Maintenant, qu'est-ce que le quillage?

Pour le savoir, suivons MM. Laratisse et Jean Pile occupant, dans la commune voisine, une humble chambre d'auberge où huit heures par jour, sans discontinuer ils répètent le coup, séparés par une table de bois blanc garnie d'une couverture de voyage, et représentant le tapis vert.

Au milieu, se trouve M. Laratisse opérant en qualité de banquier, car la chose doit se passer au baccara en banque, l'ouvrier se faisant adjuger la banque au moment des enchères.

Venu le grand jour, face à l'ouvrier, dissimulé parmi les pontes debout, à la gauche du croupier doit se trouver le Saint Jean, surnom accolé au combinard parce que, en la circonstance, ce dernier n'agit qu'en qualité d'indicateur, ce qui exige de sa part un air d'innocence caractérisé.

A la distance voulue, de l'autre côté de la table, M. Laratisse a donc installé M. Jean Pile qui, au moment psychologique, doit lui envoyer le dusse, c'est-à-dire le signal indispensable fait à l'aide d'une toux sèche et très brève, du choc léger de deux pièces de 5 fr. cognées l'une contre l'autre, ou bien encore de la brusque fermeture d'une boîte d'allumettes bougies.

Ceci bien établi, à quel moment le dusse doit-il être envoyé?

Voici.

L'ouvrier vient de se faire adjuger la banque, moyennant une enchère considérable, et il faut qu'il gagne *deux fois de suite*, par 8 ou par 9.

Les cartes seront celles du croupier (le quillage ne comportant l'adjonction d'aucun emplâtre) et si une séquence a été établie auparavant par la maison, cela n'a aucune importance.

Il y a mieux! pour le quillage, l'ouvrier, agissant à la fois comme un banquier honnête et méticuleux ou, si vous préférez, honnête et soupçonneux, doit battre les cartes, ce qui revient à dire que le croupier les eût-il battues honnêtement ou à la parisienne, qu'on les ait ensuite coupées et recoupées, voire même rebattues, aucune de ces opérations préliminaires ne peut, en quoi que ce soit, gêner l'ouvrier dans la mise en pratique de ce genre d'escroquerie. Au contraire, un tel amas de précautions, subies avec bonne grâce, ne pourrait qu'inspirer confiance aux poires.

Mais, poursuivons.

Le croupier passe les cartes à l'ouvrier, disant :

— Voilà, Monsieur.

Ces cartes, l'ouvrier les prend comme ci-dessous : fig. 42.

Fig. 42

de manière à laisser voir au Saint Jean (comme à tous les joueurs lui faisant face, du reste) la dernière carte du talon.

Supposons que cette carte soit, comme dans la figure 42, un roi.

Pour que l'ouvrier puisse abattre, la correspondance à ce roi sera donc 8 ou 9.

Mais il ne s'agit pas encore d'établir la correspondance. Voyons d'abord ce que l'ouvrier va faire de ce roi dont il ignore la présence à la face externe du talon.

De la main droite, en compagnie d'une dizaine

d'autres cartes (peut-être plus, peut-être moins) il s'en empare comme ci-dessous : fig. 43.

Fig. 43

Ensuite, toujours de la main droite (la gauche ne bougeant pas) il amène cet ensemble de onze cartes à plat sur la face interne des phalanges ; voir ci-dessous : fig. 44.

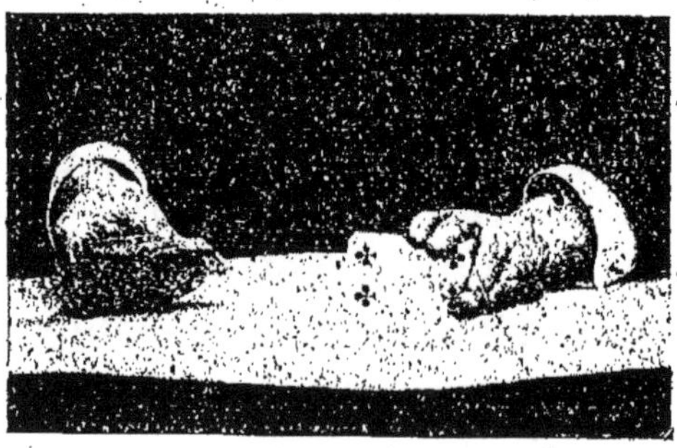

Fig. 44

Ceci fait (la main droite demeurant seule agissante) à l'aide de l'annulaire et du médium, il fait glisser le roi comme ci-dessous : fig. 45.

Fig. 45

Maintenant, il va de soi que, dans la réalité, l'ouvrier a soin de tenir sa main droite comme ci-dessous : fig. 46, de façon à ce que nul ne puisse

Fig. 46

voir à quel manège il se livre.

De la sorte, rien ne lui est plus facile que de

reporter le roi *sur* le talon, c'est-à-dire *en supposant que les cartes soient déjà installées au marbre*, d'en faire la première valeur à distribuer.

Mais les cartes sont encore loin de se trouver prêtes pour la distribution.

Le roi une fois sur le talon, l'ouvrier dissémine à même le jeu (*moins deux unités*) ce qui lui reste de cartes dans la main droite : — voir ci-dessous : fig. 47.

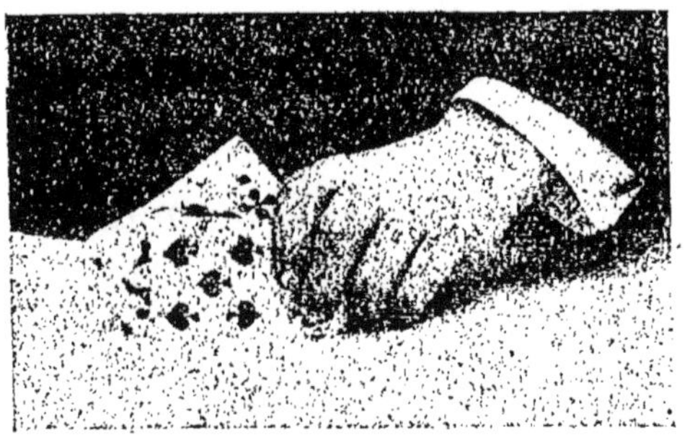

Fig. 47

De la sorte, on ne peut voir que *sur* le roi, déjà mis sur le talon, l'ouvrier a reporté deux cartes prises au hasard : les deux unités dont il vient d'être fait mention.

Ceci fait, de la main droite, l'ouvrier rabat et égalise toutes les cartes disséminées, ne tenant plus dans sa main gauche qu'un bloc uni de 104 cartes ; — voir page 307 : fig. 48.

Fig. 48

C'est maintenant que se dessine le rôle du Saint Jean qui doit, au passage, indiquer la correspondance à l'aide du signal convenu.

L'ouvrier se met donc à peler, c'est-à-dire que sur la face externe du jeu il prend les cartes une à une (ayant, toutefois, l'air de les prendre par deux) et, unité par unité, les enfonce à moitié (demi-noyade) dans le jeu; voir ci-dessous A et B : fig. 49.

A

Fig. 49

(307)

B

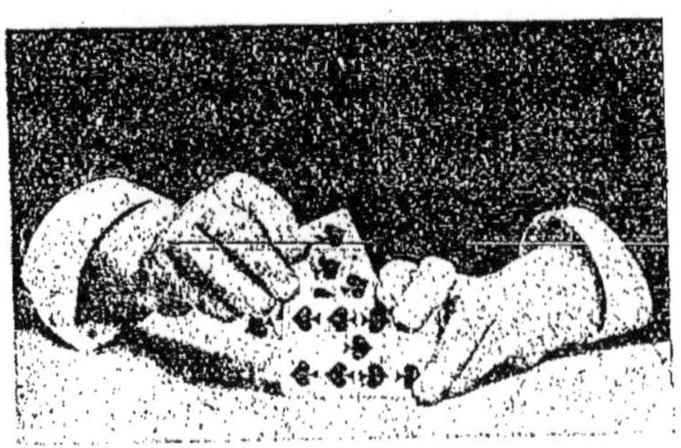

Fig. 49

Si un 8 ou un 9 apparaît au talon, comme c'est en l'occasion, un roi qu'il s'agit de compléter, le Saint Jean envoie le signal.

Aussitôt, la carte ainsi désignée est prise, comme l'avait été le roi, avec une dizaine d'autres, et reportée, elle aussi, *sur* le talon. Les autres, *moins deux toujours*, à demi noyées dans le jeu, et les deux qui restent, reportés sur le 8 ou le 9.

Un coup est donc quillé ou monté.

On procédera de même pour un second, un troisième au besoin, peut-être un quatrième, suivant la rapidité du travail, rapidité qui dépend du hasard, lequel peut amener en un laps de temps court ou long, deux, trois ou quatre correspondances. Néanmoins, la chose est rare ; d'autant plus rare que, pour ne pas éveiller de soupçons, il faut que le pelage soit fait à raison de deux cartes par seconde, et que l'on ne mette pas plus de quarante secondes à établir tout le montage, lequel, en principe, ne permet pas d'échafauder plus de douze cartes, c'est-à-dire deux coups sur le talon.

Mais, revenons à la partie qui nous occupe.

Un coup est quillé.

Six cartes sont étagées.

Deux trios sont établis.

Voyons de quelles valeurs se compose chaque trio.

Il y a d'abord (1er trio), le roi et deux cartes de hasard, soit, si vous le voulez bien, un 4 et un 6. Donc, par ordre de distribution : 6 — 4 — roi.

Il y a ensuite (2me trio), la correspondance au roi (en l'espèce un 9) et deux autres cartes de hasard que nous supposons être 4 et as.

A la distribution, le premier coup donnera donc : as — 4 — 9 — 6 — 4 — roi.

Reste à quiller le deuxième coup, comportant, lui aussi, deux trios.

La dernière carte du talon est un 5.

L'ouvrier prend donc ce 5, accompagné d'une dizaine d'autres cartes, le porte sur le montage établi (as — 4 — 9 — 6 — 4 — roi), plante au hasard les cartes qui lui restent dans le talon, moins deux qu'il rapporte sur le 5.

Admettons que ces deux cartes soient 5 et 9.

Le premier des deux trios du second coup donnera donc : 9 — 5 — 5.

Reste à établir le deuxième trio du second coup, lequel deuxième trio doit commencer par la correspondance au 5.

L'ouvrier rabat les cartes dépassantes, fait un bloc uni du talon *(revoir fig. 48)*, et procède à un nouveau pelage *(revoir fig. 49, lett. A et B.)*

Au passage du premier 4 (correspondance du 5 pour abattre par 9), le Saint Jean envoie le dusse.

L'ouvrier prend ce 4, accompagné d'une dizaine d'autres cartes, le porte *sur* le talon, procède à la demi-noyade de ce qui lui reste dans la main droite, moins deux cartes (mettons un 3 et un 8) qu'il rapporte sur le 4.

Le second trio du second coup donnera donc : 4 — 3 — 8.

Deux coups sont quillés, douze cartes sont étagées, quatre trios sont établis : 8 — 3 — 4 + 9 — 5 — 5 + as — 4 — 9 + 6 — 4 — roi.

Vous croyez tout fini ?

Il n'en est rien.

En effet, avant de tailler, c'est-à-dire, les cartes étant installées au marbre, de procéder à la distribution, tout banquier doit faire couper, ce qui oblige l'ouvrier-banquier, pour ramener devant lui le montage, à faire *sauter la coupe au tiroir.*

Auparavant, sur la face externe du talon, de la main droite, l'ouvrier reprend, au hasard, un paquet de vingt, vingt-cinq ou trente cartes (sans déranger, par conséquent, le quillage ou montage qui se trouve à la face interne) et rapporte ces cartes *sur* le quillage, ayant soin, à l'aide du pouce de la main gauche, de faire glisser le 8 qui, à la distribution, sera la première valeur donnée au tableau de droite, de telle manière que ce 8, une fois surmonté, dépasse le talon ainsi que le ferait une carte de coupe.

Pour se rendre compte de la chose, voir ci-dessous : fig. 50.

Fig. 50

— Mais alors, direz-vous, on voit cette carte dépassant le jeu.

Nullement, car, pour faire comprendre le mécanisme du procédé, non seulement, cela va de soi, nous avons exagéré le débordement du 8 sur le talon, mais encore avons-nous disposé de manière arbitraire la main gauche de l'ouvrier. En réalité, cette main gauche, une fois le huit surmonté, au lieu d'être étalée sur le talon, comme dans la figure 50, le couvre avec les trois derniers doigts; voir ci-dessous : fig. 51.

Fig. 51

Cette precaution prise, il ne reste plus à l'ouvrier qu'à faire couper.

Pour cela il prend la carte de taille, et, comme négligemment, la passe à n'importe quel joueur de droite, disant :

— Monsieur, veuillez couper, je vous prie.

On coupe, mais, l'ouvrier serrant les cartes et présentant le jeu de biais, la coupe ne se fait jamais que là où elle doit être faite, c'est-à-dire en avant du quillage, et l'entaille n'est jamais bien profonde.

La coupe établie, si l'ouvrier, levant les mains, découvrait le talon, vous apercevriez un ensemble de 104 cartes : bloc divisé en deux parts.

Voir ci-dessous : fig. 52.

Fig. 52

La carte de gauche dans la figure (celle de droite pour l'ouvrier) est la carte de coupe. En arrière, et dépassant le talon, elle aussi, la carte de droite dans la figure (celle de gauche pour l'ouvrier) est le fameux 8 commençant, venue la distribution, l'ordre nécessaire pour que soient gagnés les deux coups établis par le quillage.

Maintenant, pour comprendre la saute de coupe au tiroir, il n'y a plus qu'à se représenter la carte de coupe rabattue dans le talon, et ne le dépassant pas plus à gauche (c'est-à-dire à droite pour l'ouvrier) que, de l'autre côté, ne le fait le 8.

Voir ci-dessous : fig. 53.

Fig. 53

Le talon ainsi disposé, du pouce de la main gauche, l'ouvrier, sans changer la position des mains (*rev. fig. 51*) fait glisser les vingt-cinq ou trente cartes dont il a surmonté le 8, et les joint à la carte de coupe.

C'est ce glissement du paquet surmontant le 8 qui constitue la dernière fraude, ou saute de coupe.

En effet, honnêtement pratiquée, la coupe devrait amener dans la main droite de l'ouvrier, tout ce qui, dans la figure 53, se trouve rejeté en arrière de la carte de coupe; or, grâce au glissement, les douze cartes du quillage sont venues s'accoler, en compagnie de quelques autres, à tout ce qui (dans

(314)

la figure 53, toujours) se trouve en avant de la carte de coupe.

L'ouvrier a donc entre les mains deux paquets de cartes ; — voir ci-dessous : fig. 54.

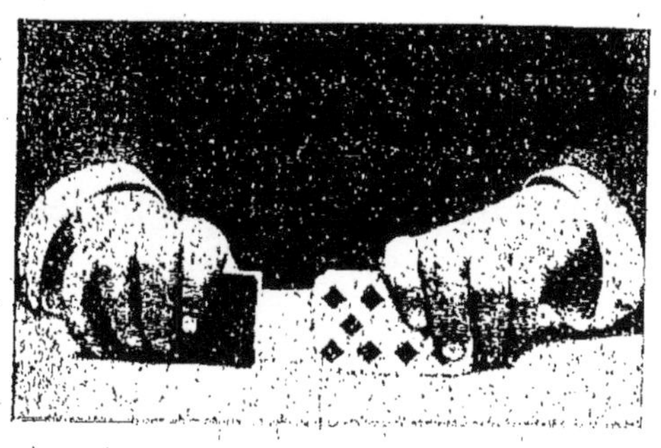

A   Fig. 54   P

Le paquet A, tenu de la main droite, et contenant tout ce qui dominait le 8 plus la carte de coupe ; le paquet B, tenu de la main gauche, et commençant à la face interne, par les douze cartes du quillage.

Les deux paquets ainsi constitués, l'ouvrier n'à plus, tenant toujours de la main droite le paquet A, qu'à l'installer sous le paquet B, et posant le tout sur le marbre, procéder à la distribution.

En effet, le quillage ayant été établi, surmonté, puis rétabli par saute de coupe sous les yeux des poires, la taille donne :

(315)

LA MACHINE A VOLER

Ier Coup

1° : 8 à droite — 3 à gauche — 4 à la banque
2° : 9 à droite — 5 à gauche — 5 à la banque

IIme Coup

1° : 1 à droite — 4 à gauche — 9 à la banque
2° : 6 à droite — 4 à gauche — roi à la banque.

L'ouvrier banquier a donc gagné les deux fois, en abattant par 9.

CONSIDÉRATIONS RÉTROSPECTIVES

Et bien, que pensez-vous de ce qui précède ? Voilà, n'est-il pas vrai ? un assez joli tour, et peut-être ne regrettez-vous pas d'avoir suivi M. Laratisse au Casino. Aussi bien, pour connaître en son entier la physionomie du grec, le voyage était-il indispensable, car nul personnage n'a été plus mal étudié jusqu'à ce jour.

En général, on s'imagine une espèce de prestidigitateur mâtiné de rastaquouère, quelque chose comme un comique de vaudeville faisant montre de son adresse, et affichant des bijoux de contrebande. Or, rien n'est plus faux, et, pour s'en rendre compte, il n'y a qu'à se dire que les membres d'un Cercle tant soit peu coté ne souffriraient jamais la présence d'un tel individu. Non, le grec, nous l'avons démontré, n'a rien à voir avec le prestidigitateur, et, nous ne craignons pas de l'affirmer maintenant, il n'a rien à voir non plus avec le rastaquouère. Au contraire, ce qui le rend si dangereux, c'est l'apparence inoffensive qu'il adopte, et, s'il est une chose dont il se garde avec soin, c'est de l'esbrouffe.

Aussi, quand un grec *fait le beau*, c'est-à-dire singe le riche, il faut entendre par là que le personnage soigne la coupe de sa redingote, se fournit de gants, de chaussures et de chapeaux dans la bonne maison, mais, quand à arborer le moindre bijou, c'est ce qu'il évitera avec soin, surtout, il ne mettra aucune bague, ayant intérêt à ce que l'on ne s'occupe pas trop de ses mains. Ah! ses mains, s'il pouvait les rendre invisibles, voilà qui serait le rêve! Hélas! il n'en est rien, et si Monsieur Laratisse cache à tous l'acuité de son regard en ne taillant que chapeau sur tête, par contre, pour quiller, peler au pouce, faire sauter la coupe au tiroir, il est bien obligé de se servir de ses mains, lesquelles (à son très grand regret, soyez-en sûrs) s'affirment extraordinairement véloces.

Donc, voilà qui est entendu, le grec, loin de faire quoi que ce soit pour attirer l'attention, ne vise qu'à une attitude neutre, bon enfant, aussi quelconque que possible. Pour cela, le quillage lui offre des ressources inattendues. En effet, comme il agit mathématiquement, attendant le dusse, et opérant par le toucher au lieu d'opérer par la vue, tout en quillant, pelant, faisant sauter la coupe, il peut très bien, à demi-voix, entretenir une conversation, s'intéresser à ce qui se passe à droite, à gauche, en face, et tandis que vous répondez à une de ses questions ou qu'il répond à une des vôtres, vous ne regardez pas ses mains.

Mais ici pas de questions, pas de sourires, pas de clins d'œil, il n'y a que le livre qui vous occupe. Profitez-en donc pour examiner avec soin les mains de l'ouvrier, car c'en est un, et un très authentique qui a posé pour toutes les figures. Regardez-les ces mains étendues, resserrées, détendues, recroquevillées, en mains qui lâchent, retiennent, agrippent, disposent. Elles sont massives, trapues, manquent de distinction, mais expriment bien l'état d'âme de qui les possède. Remarquez d'abord qu'à aucun des dix doigts l'ongle ne dépasse la chair. C'est que pour tous ceux dont la pensée réside, en quelque sorte, au bout des doigts, l'ongle est le grand ennemi. Que l'ongle du pianiste se prenne entre deux touches, voilà l'homme estropié ; que l'ongle du violoniste appui sur la corde employée, une fausse note se produit ; que l'ongle du grec agriffe une carte, le quillage peut être manqué.

Il y a autre chose, il y a l'indépendance absolue de chaque doigt, vivant d'une existence personnelle, et enfin l'agilité prestigieuse des doigts réunis

rappelant, à s'y méprendre celle du doigt de l'ins-
trumentiste, qu'il soit pianiste, violoniste, harpiste
ou flûtiste. C'est que le grec est, lui aussi, un
virtuose, mais un virtuose susceptible de dissocier
ses facultés. En effet, pour le quillage par exemple,
il agit sans voir, se fiant à ses doigts pour le pelage, à son oreille pour saisir le dusse au passage,
à l'œil du Saint Jean pour lui envoyer le dusse.
C'est donc un aveugle que conduit un paralytique
d'occasion, le Saint Jean se trouvant immobilisé
par l'attention qu'il prête au passage des cartes.

Or, que les joueurs honnêtes ne s'y trompent pas,
de tous les moyens à l'aidé de quoi on les dévalise,
le quillage est un des plus dangereux, car, bien
pratiqué, il affecte un air d'innocence à peu près
impossible à déjouer. En effet, irez-vous soupçonner de fraude un brave homme de banquier qui
rebat soigneusement les cartes avant de les installer au marbre? Non, sans doute, et il y a tout
lieu de croire, bien au contraire, qu'il vous inspirera
confiance. Si vous le compariez à quelqu'un, ce
serait plutôt à cet excellent M. Lafouine, type du
joueur soupçonneux et avisé, qu'à un grec. Et
c'est bien là, pour vous, que gît le péril, car,
nous ne saurions trop le redire, si le grec juge à
propos d'affecter une allure quelconque, ce sera
peut-être l'allure du joueur méfiant, celle du joueur

honnête, au besoin celle du joueur maladroit, jamais celle de l'esbrouffeur.

Du reste, il en est du quillage comme de la séquence, où les variantes employées déjouent l'attention, faisant dire au joueur soupçonneux : « J'ai dû me tromper. » Or, le joueur avait bien deviné la première fois, et l'on a simplement détruit sa méfiance en l'égarant, système trop commode pour que l'on ne l'emploie pas à tous les genres d'escroquerie. En effet, pour la clarté de ce qui va suivre, supposez (chose improbable) que le quillage soit pratiqué plus d'une fois, au cours de la même séance, au quillage simple, que nous venons de décrire, le grec aura soin de substituer le quillage par le milieu, où les cartes, au lieu de surmonter le talon, se trouvent accumulées, pour le montage, en plein centre du jeu et y restent jusqu'à l'achèvement de la combinaison, la dernière rapportée dépassant toujours les autres, et servant de point de repère à l'ouvrier.

Mais, pour les joueurs futurs, le danger de la saison qui vient est surtout dans le « quillage au charriage (1) » connu de peu d'ouvriers encore, et offrant cette particularité que le premier coup, simple manœuvre d'amorçage, doit être perdu

(1) Ainsi nommé parce que, en termes d'argot, on y charrie les poires, variante de l'expression : mener en bateau.

pour la banque, le Saint Jean faisant banco. De la sorte, les poires, persuadées que le banquier est guignard, pontent ferme au second coup, et, le banquier tenant tout ce qui se fait, comme ce second coup est gagnant pour lui, il est facile de se rendre compte que le profit demeure considérable pour les deux escrocs qui, sur le premier coup, n'ont perdu que le 10 o/o de la cagnotte. Aussi, fidèle au principe qui nous a guidé dans l'écriture de ce livre, de signaler aux joueurs toutes les escroqueries en cours dans les Cercles et Casinos, ne croyons-nous pouvoir mieux terminer la partie théorique de cette étude qu'en décrivant minutieusement toutes les phases du quillage au charriage.

Ceci fait, aux joueurs de se défendre.

LE QUILLAGE AU CHARRIAGE

Voici, pour ce quillage, comment on a déjà procédé, et comment, vu les succès obtenus, on s'apprête vraisemblablement à procéder encore.

L'ouvrier, venant de se faire adjuger la banque pour une somme que nous fixerons à 200 louis, a, tout de suite à sa gauche, le Saint Jean qui tient son pied droit fortement appuyé sur le pied gauche du banquier, le dusse, cette fois, devant être au pied.

Dès que le croupier lui passe les cartes, l'ouvrier les prend de la main droite, comme ci-dessous : fig. 55.

Fig. 55

De cette manière, le Saint Jean aperçoit, vu sa position à la gauche de l'ouvrier, la dernière carte du talon, laquelle carte sera, si vous voulez : le 6 de trèfle.

Aussitôt, sachant que le Saint Jean est renseigné, l'ouvrier pose sur le tapis une moitié du talon, de sorte que le 6 de trèfle se trouve valeur contre tapis.

L'autre moitié du paquet, l'ouvrier la tient toujours de la main droite, et, de la gauche, il se met à peler au pouce, amoncelant, dans cette main gauche, toutes les cartes pelées (1) ; voir ci-dessous : fig. 56.

Fig. 56

Quand passe un 3 (correspondance obligatoire

(1) Il est à remarquer qu'un banquier honnête battrait en ne présentant que le dos des cartes à son voisin de gauche ; donc se méfier de tout banquier battant à découvert.

(324)

du 6 de trèfle pour que, le moment venu, l'ouvrier abatte par 9) le Saint Jean qui, déjà, tient son pied droit fortement appuyé sur le pied gauche de l'ouvrier, opère sur ce pied gauche une pression brusque, et l'ouvrier, prévenu que la correspondance est à portée de son pouce, arrête le pelage, et met la carte ainsi désignée derrière toutes celles qu'il tient dans la main gauche ; — voir ci-dessous : fig. 57.

Fig. 57

Ceci fait, l'ouvrier continue le battage sous forme de pelage au pouce, en ayant bien soin de laisser la correspondance acquise (3) au-dessus des cartes qui emplissent sa main gauche.

Néanmoins, quelques secondes plus tard, *sur* le 3 il ajoute deux cartes prises au hasard, et et reporte le paquet tout entier, surmonté de la combinaison établie, *sur* le paquet occupant le tapis.

Ensuite, tenant la totalité du talon (104 cartes) des deux mains, il dispose ce talon face au croupier, lequel peut à présent apercevoir le 6 de trèfle que, tout à l'heure, nous le savons, l'ouvrier avait posé valeur contre tapis.

Maintenant, comme dans le quillage précédemment décrit, l'ouvrier saisit de la main droite le 6 de trèfle accompagné d'une dizaine d'autres cartes, le reporte au talon contre les deux cartes ajoutées au hasard sur le 3 (lesquelles auront été, par exemple, roi et as), noie les dix autres, moins deux, toujours prises au hasard (2 et 5 si vous voulez), qu'il place *sur* le 6 de trèfle. Le talon se trouvera donc, venue la taille, maquillé comme suit : 5 — 2 — 6 — 1 — 0 — 3.

Le coup est monté.

Mais, gardons-nous de l'oublier, ce coup n'est pas celui qui sera donné en premier, le Saint Jean devant, comme entrée en matière, faire banco et gagner, afin de laisser croire aux joueurs que le banquier est guignard, ce qui incitera les bonnes poires à ponter ferme pour le coup suivant.

Au-dessus du coup monté, l'ouvrier ajoute donc huit cartes prises au hasard.

Ces huit cartes, que le hasard amène au-dessus du coup monté, seront, si vous voulez :

$$0 - \text{as} - 9 - 2 - 0 - 0 - 5 - 0 \ (1)$$

Ce qui, pour la taille, les cartes une fois mises au marbre, donnera :

$$0 - 5 - 0 - 0 - 2 - 9 - \text{as} - 0$$

Maintenant, avant de tailler, reste à faire couper, et, le croupier pouvant être un vieux singe difficile à tromper, on emploiera une coupe autre que celle au tiroir.

Cette coupe sera la coupe placée.

Pour la mettre en pratique, voici de quelle manière s'y prend l'ouvrier.

Le talon étant tout entier sur le tapis, de la main droite il le sépare en deux, ayant soin, à l'aide de l'index, de faire déborder légèrement sur les autres la première carte du paquet soulevé, c'est-à-dire la dernière des huit valeurs rapportées au-dessus de la combinaison.

(1) Nous les disposons dans l'ordre où le hasard nous les amène pour établir cet exemple de quillage au charriage.

Voir ci-dessous : fig. 58.

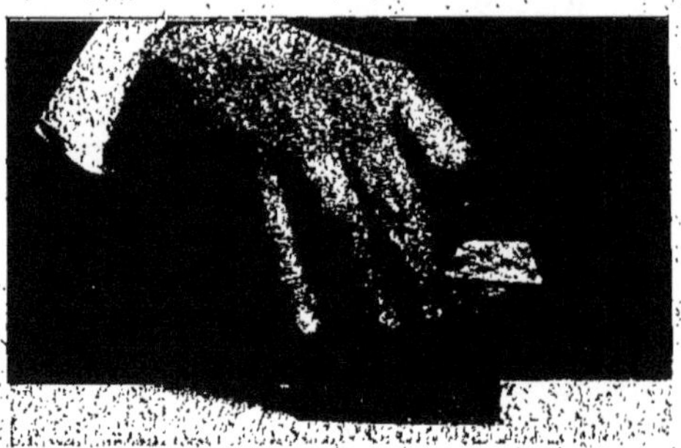

Fig. 58

Ce mouvement exécuté, il y a sur le tapis deux sections du jeu total.

Voir ci-dessous : fig. 59.

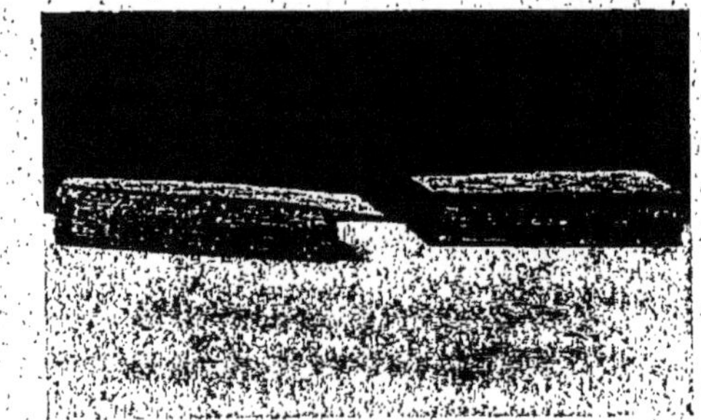

Fig. 59

L'une (section A) surmontée de la carte dont nous venons de parler, c'est-à-dire du zéro : dernière des huit cartes rapportées au-dessus de la combinaison ; l'autre (section B) indemme de tout arrangement.

Aussi, avant de dire au Saint Jean :

— Monsieur, veuillez couper.

L'ouvrier a-t-il soin de placer la section B *sur* la section A ; comme ci-dessous : fig. 60.

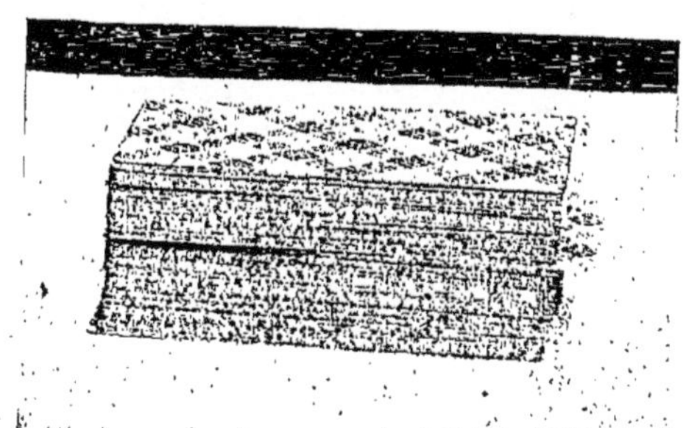

Fig. 60

Invité à couper, le Saint Jean, pour ne rien démolir de la combinaison faite, n'a donc qu'à enlever la section B qu'il repose innocemment sur le tapis, afin que, dernière manœuvre, l'ouvrier, posant la section A sur la section B, rétablisse définitivement les choses dans l'ordre nécessaire.

Voir page 330 : fig. 61.

Maintenant, il va de soi (et ceci s'applique aussi bien aux figures 58, 59 et 60 qu'à la figure 61) que, dans la pratique, le zéro séparateur ou indicateur ne dépasse qu'à peine l'ensemble du talon, de manière à n'éveiller aucun soupçon, et que, pour faire la coupe placée, c'est à l'aide du toucher et

Fig. 61

non de la vue que se guide le Saint Jean, lequel,
venue la distribution (il est utile d'en faire souvenir le lecteur) a seul le droit de voir le point des
deux tableaux, ainsi que de demander ou de
refuser des cartes, puisqu'il a fait le banco.

Les cartes sont installées au marbre.

La distribution a lieu.

RÉSULTAT

1° : o à droite — 5 à gauche — o en banque.
2° : o à droite — 2 à gauche — 9 en banque.
soit
o à droite — 7 à gauche — 9 en banque.

La banque a donc gagné sur les deux tableaux.
Or, au premier coup, la banque doit perdre.
Comment l'ouvrier va-t-il se tirer de cette situa-
tion, imputable (on le devine), à ce fait que les

huit cartes surmontant le second coup ont été prises au hasard?

Va-t-il abattre?

Non, évidemment, car les deux cartes qui restent pour le premier coup empêcheraient le second d'être gagnant.

Pourtant, l'ouvrier a 9, chose qu'il ignorait avant la distribution des cartes, mais au courant de laquelle il se trouve, venant de regarder son jeu.

Alors?

Alors c'est bien simple, il dit au Saint Jean :

— Je donne.

Et cette formule, convenue d'avance, (l'accident ayant été prévu possible) signifie qu'il est *indispensable* que le Saint Jean ne tire qu'une carte pour les deux tableaux, afin de permettre à l'ouvrier de garder la huitième ou dernière des valeurs surmontant le deuxième coup.

Donc, le Saint Jean regarde les cartes du tableau de droite que, du bout de sa palette, lui passe le croupier, tire une carte qui est as, et se tient à l'autre tableau.

A son tour, l'ouvrier tire une carte qui est 10... ou bûche !

La banque gagne toujours ! !

Aussi, pour en finir avec le sort qui s'acharne

à lui donner toujours 9, l'ouvrier annonce-t-il :

— Baccara !

Et, bien que sachant que ce point ne sera pas contrôlé, puisqu'il s'avoue perdant, l'escroc a la précaution, se servant comme d'une palette du 10 qu'il vient de tirer...

Voir, ci-dessous : fig. 62.

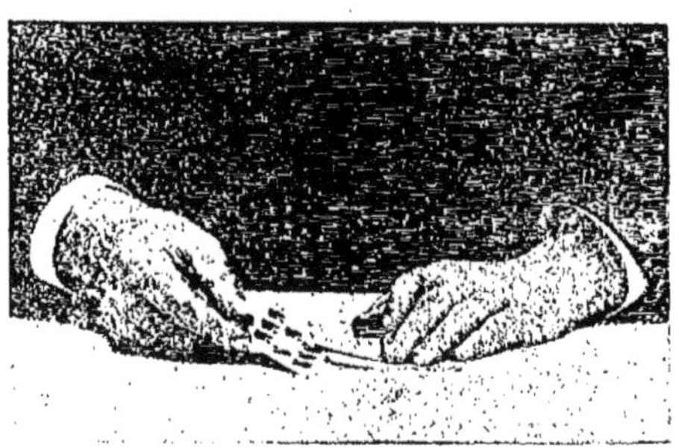

Fig. 62

de jeter d'un mouvement nerveux, rageur, les trois cartes ainsi réunies (dont deux ne laissent voir aucune valeur) dans le pot, à gauche du croupier.

Bien qu'ayant gagné sur les deux tableaux, l'ouvrier-banquier est donc supposé avoir perdu, et les 200 louis de la banque vont au Saint Jean qui n'a rien de plus pressé que de quitter le tapis où sa présence n'est plus nécessaire.

Aussitôt, l'ouvrier dit :

— Croupier? faites faire les jeux, je tiens le coup.

Paroles qui signifient que, la banque étant ouverte, les mises sont illimitées.

Aussi, persuadés à présent que le banquier est guignard, les joueurs pontent-ils ferme contre lui.

Il y aura donc, tableaux de droite et de gauche réunis, 10.000 fr. si vous voulez.

Interrogé par l'ouvrier sur le montant des mises, le croupier dit :

— Il y a 500 louis de faits.

Sans broncher, d'un air indifférent, l'ouvrier tire de son portefeuille dix billets de 1.000, et les remet au croupier.

La raison de cette indifférence, vous la connaissez.

En effet, au début de la combinaison, l'ouvrier a mis sous les huit cartes venant de servir, un ensemble de six cartes : 3 — 0 — 1 — 6 — 2 — 5 qui, au tirage, donneront : 5 — 2 — 6 — 1 — 0 — 3.

La distribution a lieu.

RÉSULTAT

1° : 5 à droite — 2 à gauche — 6 en banque.
2° : 1 à droite — 0 à gauche — 3 en banque.

soit

6 à droite — 2 à gauche — 9 en banque.

La banque a donc gagné sur les deux tableaux.

L'ouvrier-banquier encaisse 5oo louis, distribue le fin pourboire (plaque de 1oo fr.) au croupier, et, faisant une suite,... disparaît ! (1)

Vous connaissez le quillage-charriage.

Néanmoins, afin de répondre à une objection possible, nous en dirons un mot encore.

Voyant dans quel embarras se trouve l'ouvrier, si les circonstances le veulent, pour *perdre* le premier coup, certaines personnes ne manqueront pas de se dire, estimant, à juste titre, qu'il est aussi facile de monter contre que pour la banque :

— Pourquoi l'ouvrier ne quille-t-il pas les deux coups sur les indications du Saint Jean, ce qui empêcherait toute méprise ?

Evidemment ! mais alors l'ouvrier se verrait contraint de battre les cartes en les présentant toujours à gauche, ce qui aurait d'autant plus de chances d'éveiller les soupçons du croupier que, en l'occasion, l'ouvrier travaille à son compte, non pour, mais contre l'établissement, ce qui explique la hâte que mettent les deux complices (l'ouvrier et le Saint Jean) à en finir l'un avec l'autre.

Ceci dit, la question est épuisée.

(1) Le quillage au charriage, où un seul coup se trouve monté pour la banque, doit être fait en 20 secondes au maximum.

A QUEL GENRE DE QUILLAGE S'ARRÊTENT MM. LARATISSE ET JEAN PILE

Ce ne sera pas au quillage-charriage, non qu'ils soient incapables de l'exécuter, mais parce que les 8.000 fr. enlevés par eux au cours de la première semaine passée au Casino de Sfax-les-Bains ont excité la méfiance du personnel, et que, dès lors, opérant un retour offensif, ils estimeront meilleur de travailler autrement que l'un à côté de l'autre.

Ils choisissent donc le quillage simple, avec dusse à la boîte d'allumettes, ce qui, de leur part, témoigne d'une haute sagesse.

En effet, pour la pratique du quillage, rien de plus important que le dusse.

Or, se produisant au milieu du vacarme des conversations, le choc de deux pièces de 5 fr peut passer inentendu. Quant à ce qui est de la toux si, au lieu de se produire brève, sèche et nette, pour une raison quelconque (par exemple une contraction de la gorge) elle s'affirme hésitante, l'ouvrier, n'agissant plus que de manière réflexe, hésitera lui-même : phénomène dangereux, susceptible de faire rater le quillage. Avec la boîte d'allumettes, au contraire, rien de tout cela n'est à craindre, surtout s'il s'agit d'une boîte métallique au déclanchement précis. Cette boîte, le Saint Jean la tient, ouverte, dans sa poche. Au passage de la correspondance : toc! la boîte se referme, produisant un son clair. Aussitôt, l'ouvrier installe la correspondance au talon, la surmonte de deux cartes prises au hasard, et se remet à peler, cependant que, face à lui, le Saint Jean rouvre sa boîte d'allumettes, prêt à indiquer une nouvelle correspondance, et ainsi de suite, jusqu'à établissement définitif du quillage.

Et voilà pourquoi, toutes réflexions faites, après de nombreuses répétitions, MM. Laratisse et Jean Pile, persuadés que l'honorable croupier du Sfax n'est pas si vieux singe qu'on ne le puisse quinauder avec la coupe au tiroir, s'arrêtent au quillage simple avec dusse à la boîte d'allumettes.

Ils se présentent au jour choisi, c'est-à-dire un jour de fête.

La salle de baccara est archi-comble, les séquences battent leur train, les poires pontent ferme.

A une heure du matin, M. Laratisse se fait adjuger la banque moyennant 175 louis.

La chance aidant (et aussi la boîte d'allumettes de M. Jean Pile) en quarante secondes il monte trois coups : circonstance heureuse, le hasard pouvant, la première fois, amener l'égalité entre la banque et les tableaux.

A vrai dire, ce serait là un hasard extraordinaire, une malchance inouïe, mais au jeu il faut tout prévoir.

Les trois coups sont gagnants ! !

Mise du premier coup : 3.500 fr.

Mise du second coup : 7.000 fr.

Mise du troisième coup : 14.000 fr.

MM. Laratisse et Jean Pile ont gagné : 7.000 + 14.000 + 28.000 = 49.000 fr. desquels il faut déduire les 3.500 fr. de la première mise en banque + 350 fr. de cagnotte, ce qui leur donne un bénéfice de 45.150 fr. moins les pourboires.

L'honneur de la corporation est rétabli.

Néanmoins, au départ, (car ces MM. jugeraient malsain un prolongement de séjour) le fermier des jeux arrête au passage M. Laratisse, et, entre les deux hommes, s'engage une de ces conversations à mots couverts comme en ont les gredins, sortes de passes d'armes où chaque expression équivaut à une feinte destinée à reconnaître la force de l'ennemi. Or, du premier coup, l'adversaire parfois heureux de M. Fripouillas a reconnu la maîtrise du nouveau-venu, ce qui l'amène à une proposition d'engagement.

Mais M. Laratisse a sur le cœur les émotions passées ; aussi, faisant la bête, se contente-t-il de répondre qu'il ne saisit pas très bien à quoi rimerait un pareil engagement, d'autant plus, ajoute-t-il, qu'on lui a dit que les fermiers avaient la fâcheuse habitude de ne respecter la parole donnée que dans la mesure de leur intérêt personnel. Et, comme le fermier insiste, se rendant compte, mais un peu tard, que son interlocuteur doit être cet ami dont M. Fripouillas lui a parlé, il s'attire cette réponse admirable, cette réponse sublime :

— Moi, travailler avec vous ? jamais de la vie !.. Vous êtes bien trop *crapule ! ! !*

Après celle-là, il nous faut tirer l'échelle et dire adieu à M. Laratisse que nous retrouverons plus tard, toujours inventif, modeste et souriant, dans le second volume que nous nous proposons de consacrer à l'étude des escroqueries du jeu.

Pour ce qui est de l'ouvrage présent, après avoir dégagé de façon claire, tout au moins l'espérons-nous, l'organisation puissante qui met en coupe réglée une des passions les plus funestes de l'homme civilisé, après avoir montré aux joueurs le mécanisme de chacune des pratiques frauduleuses employées à leur égard, après avoir indiqué l'anachronisme inquiétant du décret impérial de juin 1806, en vertu de quoi le ministre de l'Intérieur autorise ce que défend la Loi, après tout cela nous pourrions écrire le mot « Fin » à la suite de ce chapitre, s'il ne nous restait encore à signaler aux victimes lamentables des grecs quelques moyens de défense, et à ceux qui espèrent encore voir un jour supprimer les Cercles, quelques-unes des conséquences effroyables de l'état de choses existant.

Ceci fait, nous aurons accompli notre tâche.

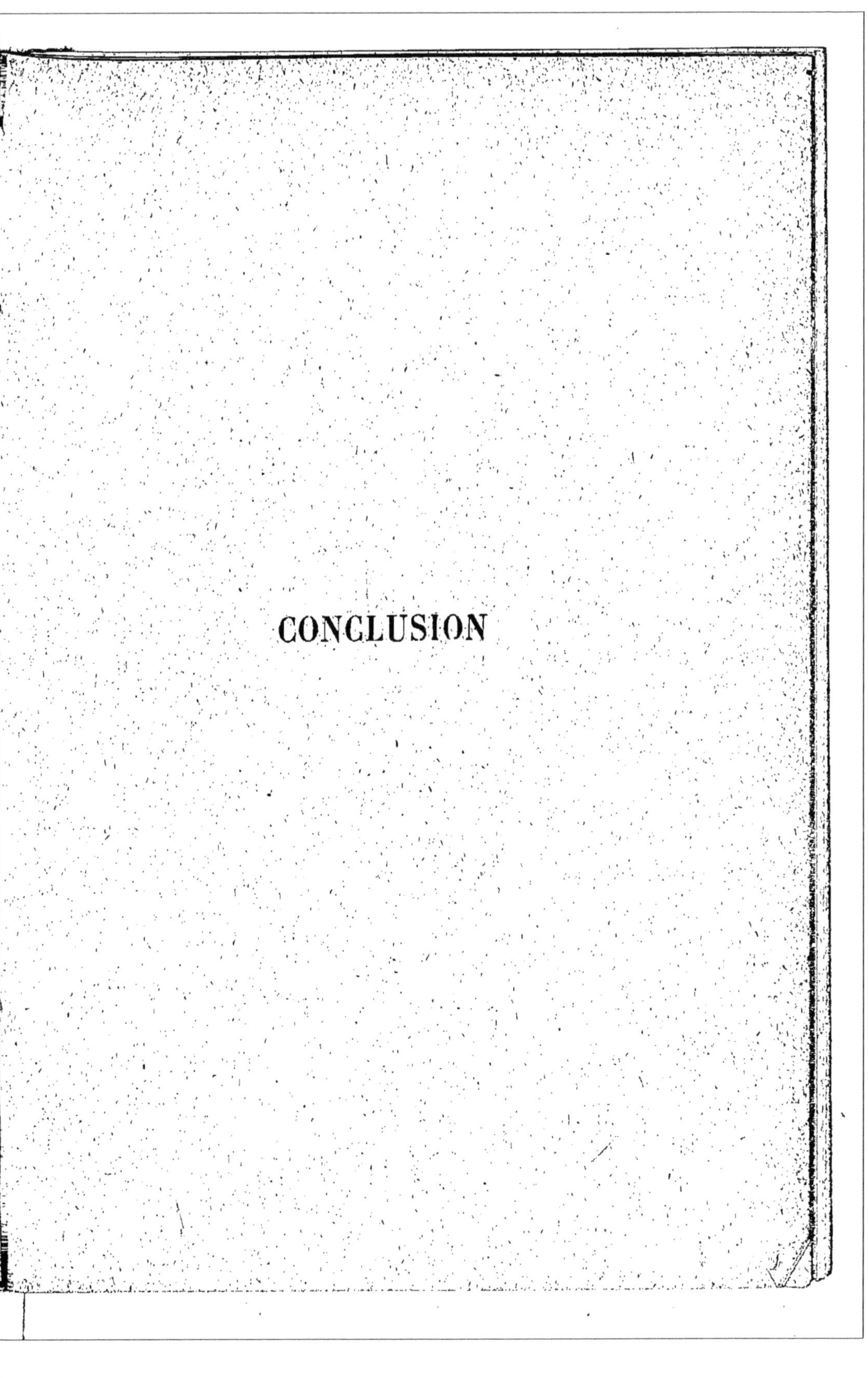

CONCLUSION

Moyens de Défense

Toute personne ayant plus ou moins fréquenté,
soit le Casino d'une station thermale, soit celui
d'une plage à la mode, connaît la plaisanterie du
bon conseil. A la devanture d'une librairie, vous
pouvez lire, imprimé sur quantité d'enveloppes :
« Le Moyen de ne jamais perdre au baccara. » Ou
encore : « Le Moyen de ne jamais perdre aux
petits chevaux. » Vous achetez, pour 1 fr. 5o,
ladite enveloppe, et, l'ayant ouverte, vous en
extrayez une feuille contenant cette simple indication :

— Faites comme moi, ne jouez jamais.

Les uns rient, d'autres se fâchent, quelques-uns
crient à l'escroquerie, nul de ceux qui jouent n'a
garde de suivre le conseil, et le même homme qui
braille comme un écorché parce qu'il estime qu'on
lui a volé trente sous, trouve tout naturel, à quelques heures de distance, qu'on lui enlève trente
louis au baccara chemin de fer. Or, si l'auteur

facétieux du trop facile conseil est un filou, il n'en est pas moins vrai que c'est un sage, destiné, comme tous les sages, à n'être jamais compris.

Aussi, tenant compte de la faiblesse humaine, croyons-nous profitable d'indiquer aux joueurs quelques moyens d'échapper aux agissements des escrocs de Cercles et de Casinos.

Donc, écoutez, bonnes poires, où plutôt lisez ce qui va suivre, et tâchez d'en faire profit.

Avant de battre les cartes, le croupier, venant de décacheter un paquet, l'étale sur le tapis comme ci-dessous : fig 63.

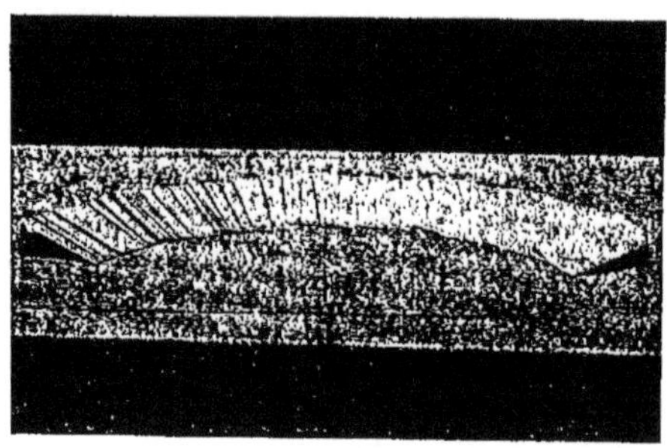

Fig. 63

Or, à quoi rime cette manigance et quel avantage en tirent les joueurs, sinon de savoir que le paquet contient bien les 52 cartes réglementaires ?

Il en irait tout autrement si, après avoir lu ce livre, les joueurs avaient suffisamment de raison pour exiger que chaque jeu, au lieu d'être étalé figures contre tapis, soit étalé figures à découvert, les cartes non serrées les unes contre les autres, mais suffisamment distantes pour qu'il soit possible d'en vérifier l'ordre ; voir ci-dessous : fig. 64.

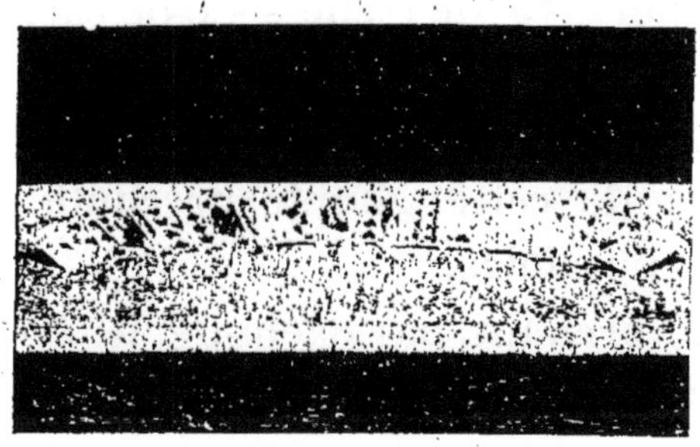

Fig. 64.

De la sorte, allant de gauche à droite, et parcourant des yeux les 52 cartes étalées, les joueurs pourraient constater par eux-mêmes si elles s'étagent bien dans l'ordre voulu, lequel ordre doit toujours être : 1 de cœur — 1 de pique — 8 de cœur — 8 de pique — dame de cœur — dame de pique — 9 de cœur — 9 de pique — roi de cœur — roi de pique — 8 de carreau — 8 de trèfle — dame de carreau — dame de trèfle — 9 de carreau — 9 de trèfle — roi de carreau — roi de trèfle — 7 de cœur — 7 de pique — 10 de cœur — 10 de pique — valet de cœur — valet de pique — 7 de carreau — 7 de trèfle — 10 de carreau — 10 de trèfle — 2 de cœur — 2 de pique — 3 de cœur — 3 de pique — 4 de cœur — 4 de pique — 5 de cœur — 5 de pique — 6 de cœur — 6 de pique — 2 de carreau — 2 de trèfle — 3 de carreau — 3 de trèfle — 4 de carreau — 4 de trèfle — 5 de carreau — 5 de trèfle — 6 de carreau — 6 de trèfle — 1 de carreau — valet de carreau — valet de trèfle — 1 de trèfle.

A l'aide de cette simple précaution, plus de séquences possibles.

En effet, prenant, par exemple, les barêmes 113, 234 et 101 dans l'ordre idéal, c'est-à-dire en admettant que, pour reconstituer les paquets, les combinards n'aient pas opéré la coupe nécessaire pour que le timbre de l'Etat, l'encoche relevée, demeure visible sous l'as de trèfle, les cartes une fois étalées, figures à découvert, donneront, au lieu de l'ordre naturel (1 — 1 — 8 — 8... etc.) 7 — 0 — 5 — 9, etc. pour le barême 113 ; — 2 — 3 — 4 — 1... etc. pour le barême 234 ; — 1 — 0 — 1 — 0... etc. pour le barême 101, et les joueurs, prévenus, auront vite fait de s'apercevoir qu'on avait l'intention de les voler.

Reste, à présent, ce que nous avons déjà dit au cours de ce volume : à savoir que le barême 118 (établi contre la banque) n'est autre chose que la reproduction exacte de l'ordre naturel dans lequel se trouvent rangées les 52 cartes d'un jeu de whist, tel que vous le livre le fabricant.

Or, ramenée à d'aussi faibles proportions, la coïncidence n'est que peu dangereuse pour les joueurs, car si, grâce à la précaution prise d'exiger que les cartes soient toujours étalées valeurs découvertes, les grecs en étaient réduits à l'emploi d'une séquence unique, il est facile de comprendre que le champ de leurs exploits équivaudrait à zéro, les joueurs, à la condition, facile à observer, d'apprendre par cœur l'ordre naturel, devant se dire qu'il est de toute impossibilité que les cartes, honnêtement battues, ne subissent, de ce fait, aucun changement.

Néanmoins (et l'observation est fort juste) on ne manquera pas de faire remarquer que la séquence 118 existe, et que, fréquemment, on l'emploie sans que personne ne réclame, ce qui revient à dire que, pour la constitution d'un jeu, les fabricants devraient adopter un autre ordre que celui employé jusqu'à ce jour.

Cet ordre, on le devine, devrait être, tout bêtement, l'ordre numérique : 1 — 2 — 3 — 4 — 5 — 6 — 7 — 8 — 9 — 10 ; c'est-à-dire les quatre as se suivant, puis quatre fois 2, quatre fois 3, quatre fois 4, quatre fois 5, quatre fois 6, etc., etc. De la sorte, plus de supercherie, car, en admettant même qu'il n'y ait que des joueurs distraits autour du tapis, il faudrait leur supposer une dose de distraction bien forte pour admettre que ces mêmes joueurs soient incapables de se dire que si, après avoir retourné l'as quatre fois de suite, le banquier retourne quatre fois de suite le 2, puis le 3, puis le 4, et ainsi de suite jusqu'à 10, c'est que la batte a dû être fictive.

Donc, pour éviter les séquences, deux mesures à prendre :

1° : *Exiger qu'avant de battre, le croupier étale les cartes figures découvertes, de manière à ce que chacun puisse en vérifier l'ordre ;*

2° : *Obtenir des fabricants qu'ils disposent les cartes suivant l'ordre numérique naturel : as de trèfle — as de carreau — as de cœur — as de pique ; — 2 de trèfle — 2 de carreau — 2 de cœur — 2 de pique, et ainsi de suite jusqu'aux figures, lesquelles devraient s'étager comme suit : quatre valets ; quatre dames ; quatre rois.*

Néanmoins, une observation s'impose.

Est-ce que le croupier, assez adroit pour exercer une batte fictive, ne pourrait pas, avec un peu d'étude, en arriver à constituer une séquence en battant ?

A vrai dire, la chose ne nous paraît guère possible.

Toutefois, rien de plus simple que de parer à ce nouvel inconvénient.

En effet, honnêtement pratiquée, nous l'avons vu, la batte démolit n'importe quelle séquence.

Donc, aux mesures précédemment indiquées, il convient d'ajouter celle-ci, capable, à elle seule, d'empêcher toute séquence au baccara en banque :

Exiger que les cartes, après avoir été battues par le croupier, soient rebattues par deux joueurs (celui occupant le n° 6, et celui occupant le n° 12) avant d'arriver au banquier pour la première taille ; puis, pour la seconde taille, par deux autres joueurs : celui occupant le n° 5, et celui occupant le n° 11 ; pour la troisième taille, par deux autres joueurs encore : celui occupant le n° 4, et celui occupant le n° 10. En un mot, au règlement qui permet aux joueurs de rebattre les cartes, substituer un autre règlement qui les oblige à le faire à tour de rôle.

De la sorte, quel que soit l'ordre préétabli, on sera toujours sûr de le démolir.

Reste, à présent, le baccara chemin de fer, où le croupier, de par le règlement, est seul à battre les cartes.

Ici, la question est plus simple encore.

Evidemment, tout joueur ne peut-être obligé à battre 312 cartes, et il est logique que ce

soit le croupier qui, seul, accomplisse cette fonction.

Alors ?

Alors rien de plus facile.

*La banque, au baccara chemin de fer, changeant
de place à tout moment, exiger qu'avant de
procéder à la distribution, tout banquier fasse
battre, par le joueur situé à sa droite et par le
joueur situé à sa gauche, les vingt ou trente cartes
que vient de lui passer le croupier. De la sorte,
s'il y a eu séquence, la séquence est démolie, et si
le banquier a posé un emplâtre, cet emplâtre,
n'étant plus dans l'ordre, perd toute valeur.*

Et maintenant, abordons le tarot.

A première vue, il semble que pour éviter ce
genre d'escroquerie il suffirait, soit d'obtenir que
les tenanciers de Cercles, comme les fermiers de
Casinos, n'emploient que des cartes unies au
revers, soit que les fabricants s'arrangent de
manière à ce que le dessin ornant le revers de
chaque carte soit toujours le même.

Or, à cela on objecte : — 1° qu'il est utile que
les tarots soient dissemblables, afin que d'un
Cercle à l'autre on ne puisse pas importer de
cartes ; 2° qu'il est impossible, dans la pratique,
d'éviter les dissemblances au revers des cartes;

3° que ces dissemblances fussent-elles évitées, on peut toujours maquiller au tarot en dédorant le coin des cartes.

Voyons un peu ce que valent ces objections et, pour cela, examinons-les une à une.

Pas de cartes obligatoirement unies, dit-on, parce que la différence des tarots empêche l'importation des cartes de Cercle à Cercle.

Qu'à cela ne tienne, MM. les tenanciers, toutes les cartes de Cercles seront blanches au revers et le nom du Cercle s'y trouvera inscrit ; ou bien encore toutes les cartes de Cercles seront blanches au revers et une figure s'y trouvera imprimée, spéciale pour chaque Cercle.

Non ? cela ne vous convient pas ?

Il vous faut un dessin ?

Soit !... on vous l'accorde.

Aussitôt, la seconde objection se présente :

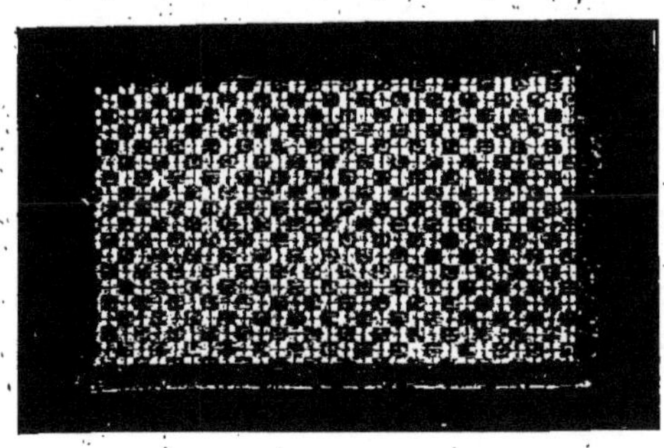

Fig. 65

— S'il y a dessin, tous les dessins ne peuvent être semblables.

Or, voyez page 351 : fig. 65.

Qu'est-ce que cela ?

Mon Dieu! tout simplement une carte ornée, au revers, d'un assemblage de carreaux bleus et blancs, et pourvue, tout le long de la tranche, d'un encadrement bleu de quatre millimètres.

De la sorte, le tarot subsiste, différent pour chaque Cercle, mais la bordure imprimée au revers de chaque carte rend invisible ce même tarot, le jeu, une fois disposé au marbre, ne présentant à l'œil de l'ouvrier que du bleu si la bordure est bleue, du rouge si la bordure est rouge, du vert si la bordure est verte... etc., etc.

Ainsi tout le monde est satisfait ou doit se déclarer satisfait. Le tarot subsiste, spécial pour chaque Cercle, et aux joueurs superstitieux, exigeant des jeux panachés, on en présente ayant des bordures vertes, roses, blanches, rouges, etc...

Quant au dédorage des coins, rien de plus simple : interdisez ce dorage.

Et le quillage? dira-t-on.

Réponse :

Exiger de tout banquier, si, les cartes ayant été battues par le croupier, puis rebattues par deux

joueurs, il lui convient de les rebattre une qua-
trième fois, qu'il ne puisse employer que la batte
aux ciseaux, laquelle batte, s'opposant à ce que
les valeurs soient montrées à droite ou à gauche,
empêche l'indication de la correspondance. Or,
sans correspondance, pas de quillage possible.

Est-ce tout, cette fois ?

A peu près.

Pourtant non, car, tant qu'il sera possible
d'ouvrir et de refermer les paquets, en dépit des
précautions prises, on peut toujours redouter une
façon invisible de marquer les cartes.

Aussi, après nous être adressé aux fabricants
pour leur demander : 1° de ranger les cartes dans
l'ordre numérique ; 2° d'ajouter une bordure au
tarot de chaque carte, nous adressons-nous à
l'Etat pour lui demander de bien vouloir s'occuper
de la fermeture des paquets autrement qu'à
l'aide d'une bande maintenue par de la colle de
pâte.

Evidemment, la colle de pâte a du bon.

Elle ne coûte pas cher.

Par contre, elle ne colle pas.

Alors, puisque, du fait de la vente des cartes,
et particulièrement des cartes de Cercles, l'Etat
touche, bon an mal an, quelques millions, peut-

être pourrait-il, au lieu de colle de pâte, employer pour la fermeture des paquets de cartes, une matière véritablement adhérente, de telle sorte qu'en enlevant la bande de la régie, on arrache le papier que protège (?) cette bande.

Allons, MM. des Contributions Indirectes, c'est vous que cela regarde, un bon mouvement.

Vous êtes persuadés, n'est-ce pas, qu'il existe des colles qui collent, des matières adhérentes qui adhèrent ?

Non ? vous n'êtes pas persuadés de cela?

Alors, un petit renseignement.

Nous avons, nous, humble contribuable, eu la fantaisie de défaire un de ces paquets de cartes que l'Etat vend si cher. Oh! sans grande fatigue. Un coup de langue à chaque bout de la bande, et nous en avons vu la farce. Ensuite, cette bande, nous l'avons recollée avec de la gomme arabique, non à chaque extrémité, mais dans toute sa longueur. Et bien, vous nous croirez si vous voulez, mais une bande collée dans toute sa longueur avec de la gomme arabique, tient beaucoup mieux que si on ne la colle qu'aux deux bouts avec un peu de farine délayée dans de l'eau.

Il y a mieux, du reste.

Supposez que votre bande, faite de toile gommée au lieu d'être de papier pelure, soit munie, à chaque extrémité, d'une légère plaque métallique. L'une de ces plaques a deux ouvertures, l'autre deux ardillons. Vous entrez les ardillons dans les ouvertures, vous rabattez lesdits ardillons et, afin qu'on ne puisse les soulever, à l'aide d'un peu d'étain vous brasez le tout. La bande, gommée dans toute sa longueur, adhère fortement au paquet, et comme, de plus, pour l'enlever, il devient nécessaire de détruire le point de suture, il se trouve que, le paquet défait, il est impossible de le refaire.

Vous vous récriez sur la dépense?

Qu'est-ce que cela peut bien vous faire, la dépense, puisque c'est toujours le contribuable qui paye?

Il paye pour être volé, ce brave contribuable; il payera un peu plus pour ne pas l'être... voilà tout.

Les Joueurs : Eh! bien, et la poucette? et le 9 de campagne? et le grand étouffage??

L'Auteur : Messieurs, vous en demandez trop. En suivant mes indications vous serez moins volés que par le passé. Quant à ne plus l'être du tout...

Les Joueurs : Quel est le moyen?

L'Auteur : On vous l'a dit au commencement de ce chapitre : **Ne jamais jouer!**

(355)

QUELQUES HISTORIETTES
DÉDIÉES AUX PARTISANS DE LA
SUPPRESSION DES CERCLES ET CASINOS

Nous atteignons, après bien des tours et détours, la fin de ce long ouvrage.

Notre labeur sera-t-il de quelque utilité ?

Nous le croyons.

Dans quelle mesure ?

Voici.

De même (nous l'avons dit et redit, et nous le répétons), de même qu'il est impossible d'empêcher l'alcoolique de boire, il est impossible d'empêcher le joueur de jouer. Ce livre paru, quant à ce qui est du nombre des joueurs, il n'en sera donc ni plus ni moins. Néanmoins, si ceux qui auront bien voulu nous faire l'honneur de parcourir cette étude s'astreignent seulement à la décomposition et recomposition des séquences indiquées, nul doute qu'ils ne les reconnaissent au passage. Or, séquence connue, séquence impossible à réemployer. De là à exiger, dans le règlement de chaque Cercle, l'introduction, sous forme d'articles, des quelques mesures indiquées dans nos moyens de défense, il n'y a qu'un pas.

Et alors?

Alors, c'est bien simple, on inventera d'autres procédés, au besoin on empruntera d'autres jeux à l'étranger, on créera des modes nouvelles d'estampage, et, à nouveau, les joueurs seront ratissés, car cela n'est pas la première fois qu'un livre de ce genre se trouve écrit. Aux recommandations et divulgations de nos prédécesseurs est due la disparition du biseautage ou habitude de rogner les cartes, à nos recommandations et divulgations sera vraisemblablement due la disparition des séquences. Mais, nous ne saurions trop insister à cet égard, le résultat obtenu ne pourra être que passager : le temps, pour le tenancier et ses acolytes, de trouver autre chose.

Le seul remède valable pour l'avenir consisterait donc à refuser aux tenanciers de Cercles, comme aux fermiers de Casinos, le droit, *antilégal*, de favoriser les jeux de hasard, ou plutôt d'interdire purement et simplement toute espèce de jeu au Cercle et au Casino. Et que l'on n'aille pas dire qu'une telle mesure serait antilibérale. Oui ou non, la raison d'être apparente d'un Cercle consiste-t-elle dans la pratique du jeu? Non... alors qu'on permette à ces Messieurs d'améliorer la race chevaline, de participer à la propagation des sciences et des arts, mais, une bonne fois pour toutes, qu'on cesse de jouer cette comédie malhonnête consistant à feindre d'ignorer que l'amélioration de la race chevaline, comme la propagation des sciences et des arts, ne sont que des prétextes à éluder la loi.

Et le budget?

Là, évidemment, est la grosse question, l'obstacle insurmontable dans le présent. Aussi, demeurons-nous persuadé que la suppression des jeux de hasard est intimement liée à l'évolution morale qui entraîne les sociétés contemporaines, et particulièrement (ceci à son grand honneur), la société Française, vers toujours plus de justice. Certes! il y faudra du temps, mais il est imposible qu'un Etat qui interdit aux officiers le droit de prise en temps de guerre, s'éternise dans la pratique de l'impôt scandaleux prélevé sur la ruine et le suicide.

En attendant, pour hâter, dans la mesure de nos faibles moyens, l'évolution bienfaisante, et fournir aux partisans de la suppression des Cercles et Casinos, *en tant que maisons de jeux*, quelques arguments de fait, voici, prises au hasard, un certain nombre d'historiettes dont nous affirmons l'absolue authenticité. Il ne s'agit pas, bien entendu, de révélations scandaleuses, susceptibles d'attrister d'honnêtes gens déjà punis de leur passion par les vols nombreux commis à leur égard, mais bien de faire toucher du doigt les conséquences, parfois comiques, souvent effroyables, de la mise en pratique des escroqueries dévoilées par nous au cours de ce volume.

Dans un Casino des environs de Paris fréquentait, il y a quelques années, M. X., boursier de son état, homme extrêmement riche. On le dévalise, cela va sans se dire, et un beau jour, las de toujours perdre, il annonce l'intention de ne plus revenir. Or, l'ouvrier qui *travaillait* dans ce Casino, après avoir cuisiné l'homme pour le faire revenir sur cette décision fâcheuse, acquiert la conviction qu'il n'y a plus rien à espérer : M. X. a annoncé qu'il partirait, il partira. Tout au plus pourrait-on, une fois encore, le dégraisser du trop plein de son portefeuille, car si le personnage est écœuré des pertes subies, il n'en demeure pas moins joueur acharné. Il ne s'agit donc que de l'empêcher, une heure encore, d'aller se faire voler autre part.

Pour cela, conciliabule entre le fermier des jeux

et l'ouvrier, et voici de quelle manière, sur les conseils de l'ouvrier, s'y prend le fermier.

Il invite le joueur malchanceux (?) à un dîner d'adieu sur la terrasse du restaurant, Mme la fermière étant présente. On mange, on boit, on cause. Les liqueurs arrivées, tout en offrant un londrès à la poire récalcitrante, le fermier met la conversation sur les prétendus moyens que l'on emploierait pour voler dans les salles de jeux, car, sans préjuger des raisons qui poussent M. X. à s'éloigner, il tient absolument à lui prouver que ces moyens n'existent pas, que, étant donné les règlements, il est absolument, impossible... etc., etc. ; — on connaît l'antienne.

En coup de vent se présente le changeur qui, très affairé, annonce au patron qu'il est indispensable qu'il se rende de suite dans la salle de baccara où le caissier réclame sa présence.

Aussitôt, cela se conçoit, départ du fermier, annonçant son prochain retour, et suppliant la poire de bien vouloir, en attendant ce retour, tenir compagnie à sa femme, et notre poire, qui n'est pas seulement une bonne poire, mais une poire bien élevée, accepte, naturellement, de faire patienter la dame.

Le malheureux devait payer cher cette imprudence.

En effet, dix minutes ne s'étaient pas écoulées que Mme la fermière, subitement prise de migraine, se retirait à son tour, priant, avec toutes sortes d'excuses, M. X. de ne pas quitter la place qu'il n'ait revu son mari, afin d'avertir ce dernier de la raison qui l'obligeait à réintégrer au plus vite le domicile conjugal.

— Comment donc, Madame ! Je regrette seulement...

— Tous les regrets sont pour moi.

— Madame.

— Monsieur.

Et la poire reste seule... interminablement.

A la longue elle s'impatiente, et s'enquiert du fermier qui, toujours, fait répondre qu'il va venir, et ne vient jamais.

Enfin, il fait dire :

— Si Monsieur X. a quelque chose à me communiquer, qu'il entre une minute dans la salle de baccara, j'ai trop d'occupations pour m'absenter.

Et M. X. entre dans la salle de baccara.

— Une minute et je suis à vous, crie le fermier, que plusieurs personnes entourent, près de la caisse.

Pour *occuper* la minute, la poire joue... et perd 10.000 fr.

LA MACHINE A VOLER

MORALITÉ

Un beau jour, furieux d'avoir été chassé de la brigade pour maladresse, un combinard révèle à M. X. dans quel panneau il a donné, et, moyennant quelques louis, prouve à la bonne poire que les vols soupçonnés n'ont rien d'imaginaire.

Conséquence... M. X. fonde un Cercle.

On ne l'estampe plus.

C'est lui qui estampe les autres.

La petite histoire qu'on vient de lire prouve une chose : c'est que, pour les grecs, le plus difficile n'est pas de voler un joueur, mais de le retenir, bon gré mal gré, soit au Cercle, soit au Casino, même quand sa méfiance est éveillée.

En temps normal rien de plus simple, ainsi qu'en témoigne l'aventure suivante.

Dans le même Casino, chaque soir, des voitures sont mises à la disposition des joueurs parisiens, généralement désireux de ne pas manquer le dernier train, lequel part à 11 h. 50.

Donc, vers 11 h. 40, le commissaire des jeux annonce :

— Messieurs les voyageurs pour Paris, en voiture.

Et, péniblement, les joueurs s'arrachent aux délices du tapis vert.

Or, un soir, le commissaire des jeux venant de faire son annonce, un combinard, assis à côté d'un joueur riche que l'on plumait depuis quatre ou cinq heures, s'écrie :

— Eh ! laissez-nous tranquilles avec votre voiture ! j'ai mon auto.

Amorce admirable qui entraîne le joueur en déveine à prier le combinard de bien vouloir le ramener à Paris, auquel cas il tenterait la fortune quelques minutes encore.

On devine la conclusion.

A quatre heures du matin, en compagnie des combinards et de quelques joueurs du pays, le ponte déveinard était toujours au tapis vert, et ses pertes qui, à 11 h. 40 s'élevaient à 3.000 fr., atteignaient la somme de 8.000 fr. dont 2.000 empruntés à la caisse.

Quant à l'automobile annoncée, inutile de dire qu'elle brillait surtout par son absence, ce dont, plus que tout autre, se lamentait le combinard, criant à tue-tête :

— Encore une panne ! sale voiture !! Et j'ai fichu 1.500 louis là-dedans ! Décidément, il faudra que je change de marque. Ah ! les autos... quelle invention !!

Pour attirer la poire et la retenir tout en la

grugeant, il faut à un fermier des jeux, outre la connaissance de toutes les escroqueries du baccara, celle du cœur humain. En effet, il n'y a pas que l'amour du jeu qui entraîne à ponter, il y a l'orgueil, le désir d'étonner la galerie, celui de complaire à la demi-mondaine entretenue, tous motifs découlant de l'influence incontestable de l'ambiance éducatrice, et facilement reconnaissable pour l'œil exercé du fermier des jeux, à la fois barnum et tenancier.

Nous avons vu comment, aidé de l'ouvrier et des combinards, agissait le fermier en tant que détenteur d'une salle de baccara. Voyons, à présent, quel appoint supplémentaire peut lui offrir sa fonction d'entrepreneur de spectacles.

Il y a quelques années, dans un Casino-Plage du Nord, se présente un Monsieur qui, dès l'arrivée, avant de s'installer au tapis vert, demande au fermier de bien vouloir garder sa sacoche, laquelle, affirme-t-il, contient une somme considérable.

— Diable ! se dit le fermier, aurais-je affaire à un escroc ?

Et, prudent, avant de s'engager à rien, il fait part au Monsieur du désir de vérifier le contenu de la fameuse sacoche : histoire de s'assurer de visu qu'il y a là-dedans autre chose que de vieux journaux. Le plus aimablement du monde, le Monsieur se prête à la vérification demandée, et, tant en or qu'en argent ou en papier, prouve qu'il est possesseur de 80.000 fr.

— A merveille ! songe le fermier, voilà un imbécile, genre vaniteux, facile à plumer.

Et il range la sacoche dans le tiroir des jeux.

Ce que fut la saison pour l'orgueilleux personnage, on s'en doute. Signalé au philosophe, tenu à l'œil par les combinards, chaque jour on le fusillait au baccara en banque, à moins que ce ne soit au baccara chemin de fer, si bien qu'à fin août, des 80.000 fr. de la sacoche 70.000 étaient ratissés.

Jusqu'ici, rien de curieux dans l'aventure.

Où l'histoire se corse, c'est quand le fermier réfléchit aux moyens susceptibles d'assurer la présence du Monsieur au Casino qu'il comptait prendre la saison suivante, opération d'autant plus délicate à entreprendre que l'homme, découragé sans doute par les pertes subies, annonçait le projet, pour les vacances prochaines, de ne point sortir de sa villa, située au bord de la mer, à une trentaine de kilomètres.

Il avait compté sans l'amour que lui inspirait une vague théâtreuse, amenée de Paris, et que, tous les soirs, il installait à côté de lui, quand il prenait place au tapis vert.

(365)

C'était une petite blonde ébouriffée, jolie comme un amour, bête à pleurer, chantant faux et pontant ferme, peu désireuse, au demeurant, d'aller s'enfermer quelques mois en compagnie d'un protecteur chauve et obèse.

Le moyen était trouvé !

De cette pintade à voix de crécelle, notre fermier fit une divette, l'engageant, pour la saison à venir, à raison de 3.000 fr. par mois.

L'homme à la sacoche, le protecteur chauve et obèse. aurait bien voulu éviter la tuile, mais que répondre à une jolie femme qui, à toute objection, riposte :

— Alors, mon cher, tu veux m'empêcher de parvenir?

Donc, à un an de distance, la crécelle débuta.

Elle chanta faux, cela va sans se dire, mais elle avait de si jolies jambes, et ces jambes attiraient tant d'amateurs que, trois mois durant, on lui refusa tout congé, si bien que, pour la voir, le protecteur obèse dut fréquenter le Casino, et, partant, la salle de baccara où une centaine de mille francs lui furent soutirés le plus aisément du monde.

Et maintenant fini de rire.

Abordons les choses sérieuses.

Dans une ville de l'Est, place fortifiée, rempart contre l'invasion possible, se trouve un Casino, c'est-à-dire une caverne. Tous les ans on y estampe deux fois : au passage des troupes se rendant aux manœuvres, et au retour de ces mêmes troupes, venues des garnisons voisines. La première fois les troupes ne séjournent que vingt-quatre heures, et la caverne ne fonctionne que jusqu'à minuit. La seconde fois au contraire, le séjour est de deux fois vingt-quatre heures. C'est à ce moment, le Casino n'ayant guère de visiteurs civils, et les officiers de la garnison habituelle étant trop peu pour former clientèle, que se fait tout le *travail* de la saison, une brigade parisienne étant engagée pour deux jours.

Or, une année, au retour des manœuvres, un capitaine joua l'argent qui devait servir à l'entretien de sa compagnie, et, venu l'appel pour le départ, se trouva manquant.

Il avait déserté.

Il y a plus triste encore.

Il y a le fait d'un honnête homme travaillant, à son insu, au compte d'un ramassis de crapules.

Venu l'été, le colonel de H.., fréquente une plage de l'Ouest munie du Casino indispensable. C'est le major du régiment qui lui a conseillé la chose, les bains de mer étant utiles au dernier de ses enfants : une fillette qu'il adore. Succédant à une vie laborieuse, l'existence monotone de la plage ennuie le colonel qui se rend au Casino, joue, et naturellement perd. Le fermier, coquin à la face joviale, s'offre à lui prêter cent louis. Le colonel accepte, rejoue, gagne et rembourse. Le prêt remboursé, nouvelle perte, nouvel emprunt, et ainsi de suite. Néanmoins, son congé expirant, le colonel a en poche de 2 à 3oo louis de bénéfice, ce qui l'amène à s'écrier naïvement :

— C'est curieux ! l'argent de la caisse me porte bonheur. Je ne gagne jamais qu'avec celui-là.

Vous saisissez le mécanisme de l'escroquerie.

Si habiles, nous l'avons dit, que soient les moyens de fraude, ils présentent néanmoins ce défaut que ce sont toujours les mêmes qui gagnent. Or, la banque tenue par un homme d'une probité insoupçonnable, plus de suspicion. Donc, chaque fois que c'est le colonel qui taille, les cartes sont tarotées, et l'ouvrier n'a plus qu'à envoyer le dusse aux combinards pour que ces derniers, ne pontant qu'à coup sûr, ramassent les mises.

Supposez, maintenant, que quelqu'un l'accuse de tremper dans une combinaison, vous sentez que c'est en toute tranquillité d'âme que le colonel de H... brûlerait la cervelle du diffamateur. Et pourtant, comme il revient tous les ans au Casino; comme il s'est pris d'amitié pour le fermier des jeux; comme il ne fait aucun mystère de cette amitié, pour les combinards le colonel de H... est un *frère*.

Charmant ! n'est-ce pas ?

Mais, réintégrons Paris.

Dans un Cercle haut coté, on se servait d'un certain marquis d'O***, de noblesse très authentique, pour tenir la banque au détriment des poires. Quelques mois auparavant, M. le marquis avait fait un pouff de 80.000 fr. dans un autre Cercle, fameux pour la rigidité présidant à l'admission des membres, ce qui explique que, pour éviter tout scandale, au lieu d'afficher le noble personnage, on s'était contenté de l'évincer en douceur, quitte à se cotiser pour combler le trou qu'il avait creusé dans la caisse. Au courant de la chose, de par la confraternité existant de tenancier à tenancier, celui du Cercle qui nous occupe en avait profité pour faire du marquis d'O*** un combinard. Tous les soirs, le descendant des croisés taillait sur séquence (barême en faveur de la banque) et, la séance terminée, on procédait au partage des bénéfices.

Mais, tant va la cruche à l'eau qu'à la fin elle se casse.

A la longue, la veine perpétuelle du marquis d'O*** excita la méfiance d'un joueur soupçonneux, lequel en toucha deux mots au tenancier. Or, on était en fin de saison (tout comme au Crotting quand se produisit l'affaire Lafouine-Laratisse), aucun ouvrier n'était plus disponible, et cet argent que ne pouvait plus gagner le marquis d'O***, sous peine de provoquer le départ des membres du Cercle, il fallait pourtant qu'il entrât toujours dans la poche du tenancier.

Pour cela, à défaut des joueurs, qui dévaliser? Cruelle égnime!!

Tout à coup! le tenancier eut un éclair de génie. Le caissier du Cercle, entré dans la maison avec un cautionnement considérable, et voyant toujours gagner le marquis d'O*** dont il ignorait les antécédents, ne devrait, au besoin, éprouver aucune répugnance à prêter la forte somme au noble escroc.

Chose décidée, chose faite.

Pour entamer les opérations, dans le tiroir de la caisse où se trouvent les jeux, le tenancier empile quantité de sizains ne contenant que des séquences *contre la banque*.

Cette précaution prise, et M. le marquis prévenu,

le tenancier, feignant que ses occupations s'opposent à ce qu'il soit toujours à la disposition du
changeur quand celui-ci demande des jeux neufs
pour la table de baccara, remet au caissier la clé
du tiroir contenant les jeux, et dès lors, chaque
soir, M. le marquis, au lieu de gagner, perd
régulièrement les sommes qu'il emprunte au caissier, lesquelles sommes reviennent invariablement
à la maison, les combinards demi-sels, prévenus
eux aussi, pontant toujours contre la banque,
suivant les dispositions des barêmes 9, 118 et 510...
pour ne citer que ceux-là. De la sorte tout va
pour le mieux, les joueurs cessent de soupçonner
M. le marquis, les combinards touchent, M. le
marquis touche, le tenancier touche ; — il n'y a
que le caissier qui perde.

Or, joueur réputé heureux, possédant un titre,
passant pour très riche, le marquis d'O*** avait à
la caisse un crédit considérable, et comme, d'habitude, ce qu'il empruntait se trouvait toujours
rendu, le caissier ne s'effraya pas trop, tout d'a-
bord, de lui voir atteindre la limite du crédit convenu. Néanmoins, ce crédit une fois dépassé, il
crut devoir entretenir de la chose le tenancier
qui, répondant de M. le marquis, l'engagea à
continuer ses prêts, ce qu'il fit, crainte de perdre
sa place, jusqu'à concurrence de 40.000 fr. Alors

seulement, épouvanté, le caissier s'adressa directement au noble emprunteur, lui disant qu'il le mettait en demeure de le régler, et lui annonçant qu'il se refusait à tout crédit futur.

C'est ici qu'éclate tout le machiavélisme de la combinaison.

Plein de morgue, M. le marquis annonce qu'il ne paiera pas, qu'il est persuadé qu'on le vole, affirme qu'il a remarqué d'insolites présences à ses côtés quand il taillait, assure que les cartes à lui remises devaient être maquillées, et qu'il est certain que des signaux, échangés au-dessus de sa tête, expliquent seuls sa déveine persistante.

Ahurissement du caissier.

Présent à l'entretien, le tenancier monte à son tour sur ses grands chevaux, exige que l'aventure soit tirée au clair, et, pour cela, après avoir mis le caissier en demeure d'avouer que, depuis près d'un mois, c'est lui qui détient la clé du tiroir des jeux, fait venir un membre du Cercle qu'une longue expérience, dit-il, a mis au courant de tous les moyens de fraude, et, faisant ouvrir le tiroir des jeux, prie l'expert improvisé de bien vouloir examiner soigneusement quelques-uns des paquets de cartes dont le malheureux caissier a eu l'imprudence d'assumer la garde.

Le joueur appelé, combinard à l'aspect vénérable, fait ouvrir deux ou trois jeux au hasard, examine ou feint d'examiner soigneusement les cartes au revers, et déclare qu'elles sont maquillées au tarot, déclaration grave qui entraîne illico la mise à la porte du caissier, lequel n'osera faire un procès : 1° parce que les apparences sont contre lui ; 2° parce que le marquis étant insolvable, il le comprend à présent, un procès, même gagné, ne l'avancerait à rien ; 3° enfin, parce que, s'il perdait ce procès, il lui serait à jamais impossible d'entreprendre aucune sorte d'affaire.

Mais attendez ! tout n'est pas fini.

Aux termes du contrat passé, le caissier, en s'en allant, devait fournir au Cercle un successeur apportant un fond de caisse égal au sien, et comme le malheureux ne pouvait remplir cette condition qu'en exposant un confrère à être dévalisé, une fois parti, il s'abstint de toute proposition à cet égard. Alors, à six semaines de distance, payant d'audace, le tenancier lui fit proposer un arrangement amiable, arrangement moyennant quoi, sur le versement d'une somme à débattre, aucune plainte ne serait déposée, et l'ancien contrat considéré comme nul. Sachant que M. R... (l'ancien caissier) briguait la place de chef du contentieux dans un grand établissement de province, le tenancier, en agissant ainsi, escomptait la crainte du scandale pour obtenir de sa victime un versement supplémentaire.

Néanmoins, cette fois, on avait été trop loin, M. R... ayant fini par comprendre, un peu tard, qu'on avait fait de lui le gardien d'une série de jeux maquillés à l'avance, chose qui ne s'était pas présentée à son esprit dans le tohu-bohu d'une accusation foudroyante. Il écouta donc tranquillement la proposition faite, sortit non moins tranquillement un revolver de sa poche, et, tenant en joue son interlocuteur, d'une voix calme dit à l'émissaire du tenancier :

— Je vais compter jusqu'à trois. Si, d'ici-là, vous n'êtes pas dehors, je tire.

Depuis lors, M. R..., qui n'eut pas besoin de tirer, occupe en paix la place de chef du contentieux dans l'établissement où il désirait entrer.

Une marche encore à descendre, et, pour finir, nous glissons dans une flaque de sang : le sang d'un pauvre grand benêt, à peine majeur, presque un enfant.

Fils d'un banquier, neveu d'un financier connu, le petit G... avait subi cette éducation effroyable que certains riches font donner à leurs enfants. A peine sorti du collège, pour ses plaisirs, le malheureux disposait de 5o.ooo fr. par an, entretenait une demi-mondaine, faisait courir, jouait, contractait dettes sur dettes, s'adressant tantôt à son oncle, tantôt à son père pour remédier aux conséquences ruineuses de toutes ces peccadilles. Un beau jour, du côté paternel comme de l'autre, refus de solder à l'avenir les notes accumulées, et menace d'un conseil judiciaire.

Que fait le petit G...?

Ce que font tous les *fils de famille*. Il va chez un usurier qui, pour 5o.ooo fr., lui en fait reconnaître 15o.ooo, exigeant, au surplus, que les billets soient signés des noms du père : le nom de famille et le prénom.

Et voilà le petit G... devenu faussaire.

Muni de cette arme à double tranchant, susceptible de faire chanter à la fois le père et le fils, l'usurier se rend chez le tenancier du Cercle où, chaque soir, on estampe le jeune imbécile, et lui dit :

— C'est moi qui alimente le petit G... Il est donc juste, fournissant la braise, que je touche mon pied (1). Alors, part à deux, sinon, en cas de récidive, je boucle. Et, comme, pour le remboursement, je ferai du potin, le pigeon expédié aux colonies, plus de dégraissage.

(1) Le tant pour cent.

Arrangement conclu. Sur ce qui est pris au petit G..., le tenancier remet 10 o/o à l'usurier, et quand, ratissé jusqu'à l'os, le pauvre idiot confie sa détresse au tenancier, celui-ci l'adresse à l'usurier avec une lettre de recommandation, d'où nouveau prêt plus onéreux encore que le premier, et toujours consenti de la même façon, c'est-à-dire les billets portant le nom et prénom du père.

Ces 5o.ooo fr. supplémentaires une fois dévorés, autre conciliabule entre l'usurier et le tenancier.

— Combien vous doit le petit G...? demande l'usurier.

— Il a emprunté 10.000 fr. à la caisse.

— Si vous tenez à les revoir adressez-vous au père, car pour ce qui est de moi, je fiche les pieds dans le plat.

Mais le tenancier est d'avis qu'il faut patienter encore.

Son raisonnement est simple.

Pour ce qui est du Cercle, l'argent dû par le petit G... est l'argent du caissier, personnage dont tout tenancier se soucie comme un poisson d'une pomme. Quant à l'usurier, évidemment, sa situation est tout autre, et, pour rentrer dans sa créance (environ 35o.ooo fr.) il escompte une manœuvre de chantage, le père ne pouvant se refuser à ratifier sa signature, sans démontrer à tous que son fils est un faussaire. Par contre, cet argent touché, il est clair que le petit G..., muni d'un conseil judiciaire et, probablement expédié aux colonies, ne saurait plus être d'aucun rapport. Or, avant de jeter un citron, il convient d'en exprimer le jus. Que l'usurier laisse donc le tenancier se servir du petit G... comme d'un banquier taillant au compte de la maison, on partagera les bénéfices, et, venue la catastrophe inéluctable, on assommera d'autant mieux le père que l'indignité du fils sera plus grande.

L'ignoble projet suit son cours.

D'abord, à la proposition faite de tailler pour la maison, le petit G... se rebiffe, disant :

— Pour qui me prenez-vous ?

— Pour un Monsieur qui signe des billets du nom de son père, rétorque paisiblement le tenancier.

Du coup ! pour le petit G... ce fut l'effondrement, le trou noir au fond duquel on s'engouffre, et d'où l'on n'aperçoit plus aucune lueur d'espérance. Est-ce à dire que les siens, devant un aveu sincère, se fussent refusés à le secourir ? Evidemment non, mais l'orgueil, la honte, l'état de dépression morale où se trouvait le malheureux, autant d'éléments pour la dialectique du tenancier qui eut vite fait de lui persuader qu'en taillant pour la maison il ne tarderait pas, grâce au tant pour cent qu'on lui verserait, à sortir d'embarras. Assertion folle, vu l'énormité de la somme à rembourser, mais le petit G..., au demeurant d'intelligence médiocre, n'en était plus à raisonner. Il accepta donc, Gribouille tragique, de contresigner son irrémédiable infamie, et, crainte de s'avouer faussaire, accepta d'être voleur.

Ce qui devait arriver arriva.

Un combinard grincheux, évincé de la combinaison et jaloux de voir *manger du gâteau* sans toucher sa part, ne craignit pas, un beau jour, le petit G... tenant la banque, d'émettre à haute voix une réflexion désagréable. Or, tout escroc qu'il était, le petit G... possédait encore, sous forme de susceptibilité chatouilleuse, un reste de conscience.

Ce fut là ce qui le perdit.

En effet, pour un cheval de retour, deux moyens se seraient offerts de tenir tête à l'orage : ou continuer la taille jusqu'au bout, quitte à provoquer l'insulteur une fois toutes les cartes dans le pot ; ou bien, feignant l'indignation, jeter lesdites cartes à la figure de l'insolent, ce qui, mélangeant les valeurs, aurait eu comme effet de rendre impossible toute divulgation de séquence. Au lieu de cela, la réflexion ayant été faite par un personnage debout derrière lui, le petit G... commit l'imprudence de se retourner, espérant, par une attitude provocatrice, intimider l'agresseur. Aussitôt, furieux ! le combinard empoigne le talon qu'il retourne figures à découvert, et démontre à tous que les valeurs, rangées suivant un ordre préétabli, avantagent perpétuellement la banque.

Il y eut une scène effroyable, les joueurs, indignés, apostrophant l'escroc, le frappant, lui crachant à la figure, cependant que le tenancier, attiré par le bruit, emplissait la salle de clameurs furibondes, incitant, crainte de révélations fâcheuses, les garçons de salle à jeter le voleur à la porte.

Une heure plus tard, le père du petit G... était réveillé par un domestique lui apportant une lettre de son fils. Victime lamentable de la tolérance antilégale accordée aux tenanciers de Cercles comme aux fermiers de Casinos, le petit G... avouait ses fautes, demandait pardon, annonçant, strict observateur d'une formule consacrée, qu'il venait de se faire justice.

En effet, il s'était brûlé la cervelle.

Et voilà... aux honnêtes gens de conclure. A eux de dire ce qu'ils pensent du décret du 18 juin 1806, lequel reconnaît à M. le ministre de l'Intérieur le droit d'autoriser ce que défend la Loi ; à eux d'obtenir l'abrogation de ce décret : abrogation qui entraînerait, avec la mort des Casinos où l'on joue, c'est-à-dire où l'on vole, la disparition des Cercles où l'on joue, c'est-à-dire où l'on détrousse.

FIN

TABLE DES MATIÈRES

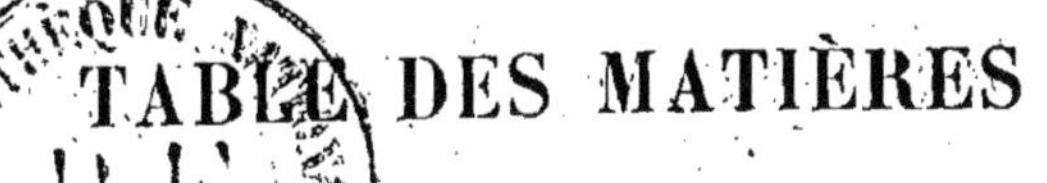

TABLE DES MATIÈRES

TABLE DES MATIÈRES

La Roche-sur-Yon. — Imprimerie Centrale de l'Ouest. — 10.000. — 6-06.

E. VILLIOD

Comment on nous Vole
Comment on nous Tue

1 Volume de 400 pages

Illustré de nombreuses Photogravures

Hors Texte

PRIX : 3 fr. 50